요즘 시민을 위한
최소한의 지방선거

요즘 시민을 위한
최소한의 지방선거

초판 1쇄 인쇄 2026년 01월 01일
1쇄 발행 2026년 01월 15일

지은이 최재혁

펴낸이 우세웅
책임편집 강진홍
표지 디자인 김세경
본문 디자인 박정호
경영지원 고은주

종이 페이퍼프라이스㈜
인쇄 ㈜다온피앤피

펴낸곳 슬로디미디어
출판등록 2017년 6월 13일 제25100-2017-000035호
주소 경기 고양시 덕양구 청초로 66, 덕은리버워크 A동 15층 18호
전화 02)493-7780　**팩스** 0303)3442-7780
홈페이지 slodymedia.modoo.at　**이메일** wsw2525@gmail.com(사업 제휴)

ISBN 979-11-6785-295-3 (03340)

요즘 시민을 위한
최소한의 지방선거

최재혁 지음

슬로디미디어

차례

표는 조용한 말이다. 유권자가 한 장의 종이에 도장을 찍는 동안 손끝은 떨리지 않는데 뜻은 선명해진다. 선거권은 법전 속의 항목이나 교과서 문장에 모두 담을 수 없을 정도로 다양한 감각을 품고 있다. 투표는 유권자가 삶의 우선순위를 정리해 권력에 건네는 편지에 가깝다. 어린이집 대기 순서보다 동네 공원 가로등을 먼저 바꾸라고 할지, 버스 환승 노선을 더 촘촘하게 바꿔달라고 할지, 빗물에 약한 골목을 손봐달라고 할지 등에 대한 내용도 포함된다. 표는 속마음을 길게 설명하지 않아도 되는 문장이다. 도장을 한 번 누르면 충분하다.

최근 몇 년간 큰 선거를 치르며 유권자의 존재감이 눈에 들어오게 커졌다. 대통령을 고르고 국회의원을 뽑는 날이면 도시의 공기가 달라졌다. 뉴스 화면이 바쁘게 움직이고, 가족 톡방에서도 갑자기 정책 토론이 시작됐다. 투표율도 올라갔다. 이런 장면만 보면 정치가 생활의 한가운데로 들어온 듯했다.

그런데 지방선거철이 되면 풍경이 달라진다. 투표소로 가는 발걸음이 가벼워지고, 출구조사 결과 그래프가 뉴스 화면 구석으로 밀린다. 많은 사람이 후보 이름도 제대로 기억하지 못한다고 털어놓고, 어떤 직책을 뽑는지 헷갈린다고 말한다. 관심이 줄어드는 까닭을 굳이 멀리서 찾을 필요가 없다. 지방선거는 중앙 정치의 무대가 아니기 때문이다.

중앙 정치는 드라마를 만든다. 나라 전체가 한 방향으로 휙 돌아설 듯한 구호가 등장하고, 거인들이 맞붙는 장면이 이어진다. 반대로 지방선거는 생활에 관해 묻는 행사다. 하수관 교체 시기를 언제로 잡을지, 방과 후 돌봄을 어디서 어떻게 늘릴지, 재개발 속도를 어떻게 조절할지 같은 질문이 쌓인다. 화면발이 덜 받는 의제들이다. 후보도 많고 직함도 다양해 투표용지가 길다. TMI처럼 느껴질 때도 있다. 관심의 조명은 자연히 중앙으로 쏠린다. 등잔 밑이 어두운 법이다. 유권자는 가까이 있는 선거를 잘 보지 못한다. 그런데 책상 앞을 떠나 골목으로 나가면 금세 알게 된다. 지방선거가 바로 그 골목을 책임지는 사람을 뽑는 선거라는 사실을.

시장은 도시의 큰 그림을 그리고, 도지사는 지역 균형을 손본다. 둘이 함께 예산의 방향을 정한다. 기초의원은 조례로 생활의 규칙을 다듬고, 집행이 제대로 되는지 따져 묻는다. 인터넷 밈을 빌려 표현히자면, 중앙 정치는 거대한 세계관이고 지방 정치는 패치 노트다. 버그를 고치고, 불편을 줄이고, 성능을 끌어올리는 세밀한 관리가 없다면 세계관은 겉만 번지르르해진다.

지방선거는 우리 가까이에 있는 사람을 뽑는 절차다. 동 행정복지센터(주민센터)에서 얼굴을 마주치는 이웃이 기초의원으로 당선될 수 있고, 동네 골목을 누구보다 잘 아는 활동가가 구청장이 될 수도 있다. 민원 전화를 받는 행정의 손길, 불법 주정차 단속을 도는 현장의 눈, 재난문자 발송을 결정하는 판단이 모두 선거에서 이어진다.

이 책은 지방선거를 다시 가까이 들여다보자는 제안에서 출발한다. 지방선거가 왜 중요한지, 사람들의 관심이 줄어든 배경이 무엇인지, 후보를 어떤 기준으로 살펴야 하는지에 관해 차근차근 이야기를 풀어가려 한다.

출발점은 생활이다. 버스가 제때 오는지, 물난리가 매년 같은 동네를 덮치는지, 어린이 돌봄이 학교와 마을에서 이어지는지 같은 질문을 한가운데 놓는다. 말만 그럴듯한 것이 아니라 시간을 줄이고 위험을 낮추며 기회를 키우는 약속을 찾는다. 공약은 결국 일정과 예산, 담당자의 책임으로 풀린다. 구슬이 서 말이라도 꿰어야 보배다. 멋진 말은 많다. 꿰는 기술이 도시의 품질을 바꾼다.

과거를 돌아보는 장도 준비했다. 역대 지방자치단체장이 무엇을 약속했고 어느 만큼 지켰는지, 미완의 공약이 왜 멈췄는지, 공약이행률이라는 숫자 뒤에 어떤 과정이 있었는지 추적한다. 숫자에만 매달릴 생각은 없다. 숫자가 가리킨 결과가 어떤 장면을 만들었는지를 함께 살펴볼 것이다. 변명보다 결과, 요란한 이벤트보다 꾸준한 집행을 평가하는 기준을 세우려 한다.

이 책을 덮는 순간 여러분이 지방선거는 멀리 있는 뉴스가 아니라 가까운 일이라고 느낄 수 있으면 좋겠다. 익숙한 속담으로 마무리하고 싶다. 시작이 반이다. 지방선거에 대한 관심을 오늘부터 가지기 시작해도 절반은 온 셈이다. 남은 절반은 투표소에서 채워진다. 생활의 편지를 보낼 준비가 되었다면 다음 장으로 넘어가자.

최재혁

PART 1

지방선거의 의미와 중요성을 왜 알아야 할까

지방선거에 대한 설명은 거창한 이념을 늘어놓는 일이 아니라 생활의 풍경을 차례로 보여주는 일이다. 버스를 타고 환승 노선 화면을 확인하는 손짓, 골목 가로등 아래를 지나는 발걸음, 방과 후 아이를 맡길 곳을 찾는 부모의 눈빛이 지방선거의 교과서가 된다.

표는 말을 길게 늘어놓지 않는다. 한 번 누르는 도장으로 충분히 설명한다. 그 표가 향하는 곳이 바로 시청과 도청과 구청이라서 지방선거는 언제나 우리 곁에 선다.

먼저 지방선거가 무엇인지부터 풀어본다. 지방선거는 지역을 운영할 사람과 제도를 감시할 사람을 한꺼번에 뽑는 절차다. 광역에서 지역 전체를 조율하는 자리에 도지사가 선다. 대도시에서는 시장이 도시의 방향을 정한다. 시와 구, 군을 책임지는 시장과 구청장, 군수가 생활의 현장을 움직인다. 의회는 이들이 세운 계획을 살피고 예산을 심사하고, 조례라는 생활의 규칙을 만든다. 누군가는 구체적인 사업을 결재하고 누군가는 그 결재가 타당한지 따져 묻는다. 서로 다른 손길이 부딪히고 맞물릴 때 도시의 톱니가 부드럽게 돈다.

교육감 선거도 함께 치르는 경우가 잦다. 학교의 하루가 지역의 하루와 이어지는 곳에서 교육의 의사 결정자가 생활 정치의 핵심으로 들어온다.

그래서 지방선거는 직책 이름이 많고 투표용지가 길어 보인다. 복잡해 보이지만 복잡한 이유는 생활의 층위가 두껍기 때문이라고 이해하면 마음이 덜 막힌다.

지방선거를 왜 하느냐는 질문에는 단순한 대답이 어울린다. 중앙정부가 방향을 정한다면 지방정부는 그 방향을 생활의 속도와 품질로 번역한다. 속도가 맞지 않으면 방향이 지도 위 선으로만 남고, 품질이 낮으면 사업이 반복될수록 피로만 쌓인다. 지방선거는 지역의 번역가를 고르는 일이다. 언어가 같더라도 지역마다 억양이 다르듯, 같은 정책을 써도 지역마다 어투가 달라야 한다. 표는 그 억양과 어투를 선택한다.

'누가 좋은 지방 리더인가'라는 질문에는 정답이 많지 않다. 다만 공통분모는 분명하다. 방향을 제시할 수 있는 사람, 실행 순서를 정리할 수 있는 사람, 실행 과정에서 생기는 마찰을 줄일 수 있는 사람이 좋은 리더다.

도시 경영은 프로젝트의 연속이라서 결국 일정 관리의 예술이 된다. 현실의 제약을 넘어서는 상상력이 필요하지만, 상상력만으로는 현실이 움직이지 않는다. 구슬이 서 말이라도 꿰어야 보배다. 계획을 엮고 조직을 움직이고 예산을 꿰어 결과를 만들어내는 능력이 핵심이다. 지방선거는 입말이 유려한 사람보다 손끝이 믿을 만한 사람을 찾는 과정이라고 적어두면 판단이 조금 쉬워진다.

지방선거에서 유권자가 할 수 있는 일도 적지 않다. 후보의 공약을 읽을 때는 말의 무늬보다 실행을 위한 설계를 본다. 지표가 무엇인지와 언제까지 어느 정도까지 실행하겠다는 기한과 수준이 적혀 있는지부터 확인한다. 필요한 예산이 얼마이며 어떤 방식으로 조달하는지와 우선순위를 어떻게 정했는지까지 살핀다. 공약이 겹친다면 언젠가가 아니라 지금부터 시작할 수 있는 약속을 고른다. 작은 약속을 빨리 지키는 인물이 결국 큰 약속을 밀어붙이는 데도 강하다.

정치의 흐름은 늘 빨라서 판도를 읽는 법도 익히면 좋다. 여론이 변화하기 시작하는 지점, 정당의 공천 방식이 달라지는 시점, 지역의 산업구조가 변하는 구간을 주의해서 보면 선거의 지도가 보인다. 인터넷의 밈이 하루 만에 표심을 흔드는 모습도 요즘은 드물지 않다.

다만 그럴수록 한 박자 늦춰서 본질을 되묻는 습관이 필요하다. 해법이 달라졌는지, 순서가 바뀌었는지, 책임의 주체가 분명한지 등을 질문하면 충분하다. '현타'가 오기 전에 지도를 다시 펴보는 태도가 지방선거를 이해하는 데 큰 도움이 된다.

1장에서는 독자에게 길 찾기 도구를 건넬 것이다. 지방선거가 '무엇인지'와 '왜 하는지', '누구를 뽑는지'와 '왜 제대로 해야 하는지'를 생활의 언어로 정리할 것이다. 도지사와 시장과 구청장과 기초의원이 각각 어떤 결정을 내리고 어떤 책임을 지는지를 알기 쉽게 소개한다. 지방선거에 대한 관심도가 낮아진 배경을 설명하고, 생활에 미치는 영향의 실마리를 보여준다.

마지막으로 독자에게 부탁을 남긴다. 지방선거를 낯선 시험지로 보지 말고 생활의 체크리스트로 바라보면 생각이 정리된다. 내 동네에서 가장 불편한 점 하나를 적어보고 그 문제를 줄여줄 수 있는 약속이 누구의 공약에 있는지 찾아본다. 공약의 순서를 비교하고, 책임의 주체가 분명한지 확인한다. 큰 구호보다 작은 실행을 먼저 묻는다. 시작이 반이다. 관심을 두기 시작하는 순간 지방선거는 먼 뉴스가 아니라 가까운 일이 된다. 표는 작지만, 도시의 리듬을 바꿀 힘이 있다. 1장은 그 힘을 믿고 다음 장으로 건너가기 위한 안내서다.

2026 지방선거를 앞두고

2024년 이후 정국이 큰 파도를 겪었고, 이듬해 정권 교체가 이루어졌다. 현재를 기준으로 보면 신임 대통령의 지지율이 절반을 웃돌고, 지방선거는 그 여세가 생활 정치로 번져가는 길목에 서 있다고 할 수 있다. 이 전제를 깔아두고 2026년의 지방선거를 바라보면 전체 풍경의 윤곽이 드러난다. 국면을 천천히 훑어보면 지역별 분석에서 길 찾기가 훨씬 수월해진다.

먼저 지난 지방선거의 기억부터 되짚는다. 2022년 지방선거는 윤석열 대통령 취임 직후 치러졌다. 당시는 흔히 말하는 허니문 기간이었다. 새 권력에 대한 기대가 높고, 이전 정권에 대한 피로가 남아 있던 시기였다. 풍향계가 한쪽으로 기울면 지역별 콘텐츠보다 전국 정서가 강하게 작동한다. 공약이 같더라도 바람을 타는 쪽과 역풍을 맞는 쪽의 체감은 전혀 달라진다. 그해 지도는 바로 그 바람의 형태를 고스란히 담았다. 지방선거가 중앙 정치와 무관하게 흘러간다고 말하기 어려운 이유가 여기에 있다. 대통령과 국회의원 선거의 파장이 지방선거까지 밀려오는 흐름은 한국 정치에서 오래된 습관처럼 반복된다.

이번에는 전제가 달라진다. 탄핵과 조기 권력 교체라는 극단의 사건을 통과했다. 정치의 온도는 격랑을 지나면 언제나 급격히 식거나 급격히 뜨거워진다. 신임 대통령의 초반 지지율이 높게 형성됐다면 지방선거는 두 갈래의 이야기를 동시에 품는다. 국정 동력에 힘을 실어주자는 응원과 그만큼의 견제 필요성을 말하는 반작용이 함께 고개를 든다. 보통은 응원이 먼저 달린다. 새로운 리더십의 신호가 곳곳에서 나타나고, 장관과 참모진의 메시지가 정돈될수록 여당의 조직은 자신감을 회복한다. 응원과 견제가 서로를 자극하며 퍼지는 구간이 바로 지방선거의 무대다.

정치의 바람은 전국적이지만, 표는 지역에서 모인다. 수도권과 충청권은 여전히 캐스팅보트 성격을 유지한다. 충청권은 정권 초반에 국정 운영을 지켜보는 태도가 뚜렷하다. 중앙의 메시지가 차분하고 현장의 성과가 보이면 응원이 더해지고, 변수에 흔들리면 견제론이 빠르게 고개를 든다. 영남권은 여전히 보수의 핵심 기반을 유지하되 대도시의 청년층에서 변화의 단서가 나타난다. 호남권은 진보 정당의 결집이 견고하지만, 공천의 설득력과 성과의 품질에 따라 투표장의 열기가 달라진다. 강원도와 충청북도는 상대적으로 보수 성향이 강하다는 인식이 여전하지만, 공천과 후보 경쟁력의 미세한 차이가 승부를 갈라놓는 장면이 반복된다.

이번 지방선거에서 유권자의 마음을 가르는 키워드는 몇 가지로 압축할 수 있다. 우선 안정과 속도의 균형이다. 탄핵과 정권 교체라는 격변을 지나면 시민은 말보다 일정에 민감해진다. 몇 달 안에 무슨 일을 어디까지 하겠다는 약속이 귀에 들어온다. 다음은 생활을 통한 체감이다. 국가 전략과 거대 담론의 위상은 낮아지지 않았지만, 표는 주거 비용을 줄이는 정책, 육아 공백을 메우는 제도, 재해의 위험을 낮추는 인프라처럼 손끝에 닿는 결과를 찾는다. 여기에 공천의 품질이 결정타를 날린다. 당이 같더라도 후보의 신뢰도와 현장력이 크게 다르면 표심이 즉시 튜닝된다. "구슬이 서 말이라도 꿰어야 보배"라는 말이 여기서 다시 의미를 가진다. 계획을 세우는 능력과 이를 꿰는 힘이 다른 후보에게는 표가 쉽게 움직이지 않는다.

정당의 구도도 짚어야 한다. 여당이 된 더불어민주당은 국정의 주연으로 빛을 받는다. 지도부의 메시지가 안정적이고 공천 설계가 합리적으로 보이면 지방선거는 자연히 상승 모멘텀을 얻는다.

다만 여당 프리미엄은 두 가지 함정을 동반한다. 하나는 오만의 그림자다. 국정 초반의 높은 지지율이 재료가 되어 공천이 자기 중심으로 기울면 지역 민심과의 간극이 생긴다. 다른 하나는 책임의 무게다. 작은 사고가 크게 증폭되고, 사소한 무능이 도드라져 보인다.

야당인 국민의힘은 기반 지역에서 결집하여 방어선을 친 후 수도권과 충청도에서 균열을 노리는 전략을 짤 가능성이 크다. 지도 체제가 정돈되고 메시지가 생활형으로 바뀌면 중도층의 귀가 열린다.

개혁신당과 조국혁신당 같은 제3의 축은 지역에 따라 역할이 달라진다. 일부 지역에서는 킹 메이커, 다른 지역에서는 스포일러, 또 다른 지역에서는 새로운 선택지의 기폭제가 된다. 세 축이 한 표 차이의 싸움을 벌이는 구도라면 단일화의 실무력과 타이밍이 판세를 바꾼다.

지방선거의 절반을 결정하는 것은 정당의 공천이다. 공천이 바뀌면 판세가 바뀐다. 지역 정서를 읽는 눈, 경쟁력 있는 신인을 발굴하는 귀, 책임 있는 현직을 다시 불러 세우는 손길이 공천의 품질을 좌우한다. 인물의 윤리성에 대한 논란은 지방선거에서 더 치명적이다. 표는 외면으로 가장 빨리 반응한다. 거창한 약속보다 일정을 지키는 사람, 카메라 앞 말발보다 회의실에서 결재를 빨리하는 사람, 센 발언보다 민원 현장에서 문을 먼저 여는 사람을 유권자는 기억한다. 그래서 생활형 캠페인이 중요해진다. 토론회 한 번보다 작은 약속 하나를 지키는 장면이 더 멀리 간다.

이번 선거판의 관전 포인트를 요약하면 네 가지다. 먼저 신임 대통령의 지지율이 지역별 표심에 어떻게 투영되는지 본다. 허니문의 온기가 어디까지 내려가고 어느 지점에서 견제의 목소리가 올라오는지 관찰한다. 다음으로 공천의 설득력과 후보의 현장력이 어디에서 분기점을 만드는지 확인한다. 세 번째로 생활 정책의 일정과 예산, 그리고 책임의 주체가 명확한 공약이 얼마나 많이 쌓이는지 센다. 마지막으로 제3정당의 역할과 단일화의 타이밍이 빅 매치를 바꾸는지를 지켜본다.

숫자를 세는 일이 지루하다면 이렇게 바꿔도 된다. 응원의 파도, 공천의 손길, 생활의 결과, 단일화의 타이밍으로도 판세의 뼈대가 잡힌다.

정치는 늘 변한다. 탄핵의 충격과 정권 교체의 속도가 어땠든, 지방선거의 표는 결국 생활을 향한다. 물이 들어오면 배가 떠오르듯 국정의 지지율이 높으면 여당의 의자가 늘 수 있다. 다만 물살이 세다고 늘 안전한 것은 아니다. 암초를 피하는 기술이 필요하다. 그 기술은 지역의 현안에 귀 기울이고 작은 약속을 지키는 태도에서 나온다. 시민은 멀리서 환호하고 가까이서 평가한다. 가까운 평가에서 좋은 점수를 받는 후보가 결국 표를 얻는다.

지방선거에 가장 큰 영향을 끼치는 인물

한국의 지방선거는 바람의 방향을 아주 민감하게 탄다. 바람은 대개 대통령 지지율에서 분다. 여론조사 숫자를 한 줄로 요약하면 '지금의 국정에 힘을 보탤 것인가, 아니면 속도를 조절할 것인가'라는 질문이 된다. 그래서 많은 선거 캠프가 지방선거를 '대통령 국정 운영에 대한 중간평가' 또는 '초기 동력에 힘 싣기'로 해석한다.

과거의 풍경을 차례로 떠올리면 연동의 윤곽이 더 선명해진다. 김대중 정부 말기의 2002년 지방선거는 정권 말 피로감이 짙게 드리우던 시기에 치러졌다. 전국은 야권 바람이 거세게 분다는 체감으로 가득했고, 실제 결과도 그 흐름을 크게 벗어나지 않았다. 여권은 텃밭을 중심으로 방어선을 치는 데 그쳤고, 야권은 광역단체장 지도를 넓혔다. 대선이 몇 달 앞으로 다가온 타이밍에서 '정권 교체의 예감'이 지방선거 판도에 투영됐다는 해석이 현장에서 힘을 얻었다. 같은 시간에 동네의 도로와 학교, 버스와 하수관 이야기가 토론회에 오르내렸지만, 표심은 결국 중앙의 기류를 따라 움직였다. 이 장면은 '정권 말의 낮은 지지율'이 지방선거에 어떤 그림자를 드리우는지 보여주는 첫 단서가 된다.

노무현 정부 중반에 치러진 2006년 지방선거는 바람이 더 노골적으로 작동한 사례로 회자된다. 청와대에 대한 지지세가 지리멸렬하다고 느끼던 유권자는 중간평가의 문법을 택했다. 여권은 곳곳에서 수세에 몰렸고, 야권은 '국정 견제'의 깃발을 들고 광역·기초단체 모두에서 점유율을 끌어올렸다. 그 무렵 내가 현장에서 가장 자주 들은 말이 '큰 정치가 흔들리면 작은 행정도 힘을 잃는다'였다. 생활 정책의 품질과 상관없이 '정권 심판'이라는 한 문장이 표심의 관성을 규정하는 구간이었다. 여권의 개인기와 지역 조직력이 버팀목이 되기도 했지만, 바람의 세기를 뒤집기에는 역부족이었다.

이명박 정부 시절인 2010년 지방선거에서는 야권이 크게 승리했고, 바람이 무조건 표를 쓸어 담지는 않는다는 사실을 상기시켰다. 국정 초반의 고속 주행 이후 피로가 쌓이던 때였지만, 야권의 결집도 균일하지 않았다.

수도권에서는 치열한 승부가 이어졌고, 보수 강세 지역은 방어에 성공하는 장면이 반복됐다. '대통령 프리미엄'이 줄어든 국면이라도 공천의 완성도와 후보의 현장력이 결합하면 바람을 부분적으로 거슬러 올라갈 수 있다는 교훈이 남았다. 표심은 중앙 정치의 파도만 보지 않고, 생활의 리듬을 부드럽게 만드는 손을 찾았다.

박근혜 정부의 2014년 지방선거는 혼합형 결과를 보여준다. 정권 중반의 피로 속에서도 여권은 영남과 일부 광역에서 방어했고, 야권은 수도권과 충청권의 요충지를 비집고 들어왔다. '대통령 지지율'과 '지역의 생활 이슈'가 씨줄과 날줄로 얽히며 지역마다 다른 무늬를 만들었다. 선거 전략의 교과서로 보면 이 시기에는 '전국 단위 바람'과 '지역 단위 호흡'의 길이가 서로 달랐다. 바람의 방향은 하나지만 골목의 바람길은 여러 갈래라는 사실이 확인된 셈이다.

문재인 정부의 2018년 지방선거는 연동의 효과가 최대치로 발휘된 사례로 기록된다. 정권 초반의 높은 호감과 대형 외교 이벤트가 연쇄적으로 이어지면서 '국정 지원'의 기류가 전국을 덮었다. 여당은 광역단체장 판도를 압도적으로 가져갔고, 기초단체에서도 푸른 물결이 넓게 번졌다. 현장에서는 '허니문이 생활 정치까지 이어진 첫 전형'이라는 평가가 나왔다. 초반 지지율이 충분히 높고, 메시지 관리가 안정적이며, 공천 잡음이 적을 때 지방선거가 국정 동력의 연장선이 될 수 있음을 잘 보여준 장면이다.

윤석열 정부 출범 직후 열린 2022년 지방선거는 반대편 사례를 제공한다. 정권 교체 직후 '초기 기대감'이 여권 표심을 결집시켰고, 첫 전국 단위 선거에서 여당이 유리한 고지를 선점했다. '허니문 프리미엄'이 정말로 존재하는지 묻는 질문에 현장은 고개를 끄덕였다. 대통령 취임과 선거 시점이 가까울수록 표심의 탄성은 커지고, 야권이 '견제' 프레임을 내세워도 생활 이슈로 판을 충분히 뒤집기는 어렵다는 교훈이 다시 주어졌다.

선거 궤적을 따라가면 대통령과 지방선거의 연동은 '정권 초반에는 증폭, 중반에는 상쇄, 말기에는 역풍'이라는 평균값을 가진다. 다만 평균값은 평균값일 뿐이다. 공천의 완성도, 후보의 생활형 메시지, 지역 현안의 민감도, 세대 구조 변화가 평균을 위로도 아래로도 크게 흔든다.

그렇다면 이번 지방선거는 여당인 더불어민주당의 승리로 결론이 날까. 대답은 '가능성이 크다'에 가깝다. 다만 '이미 끝난 게임'이라고 적어두는 순간 분석은 공허해진다. 바람의 크기를 실제 표로 바꾸는 과정에서 몇 가지 관문이 선다. 무엇보다 공천의 설득력이 앞선다. 지지율이 높더라도 '내 사람 챙기기' 인상이 강해지면 중도층의 마음이 금세 둔감해진다. 공천이 지역의 이익과 생활의 질을 설명하는 언어로 기획되면 바람이 계속 밀어준다. 그러나 공천이 파벌의 장부처럼 보이는 순간, '견제'의 언어가 들어올 틈이 생긴다.

이번 판세를 정리하는 말은 길 필요가 없다. '허니문의 온기'가 생활 정치로 번지면 여당은 유리해진다. '공천 잡음'이 중도와 청년을 자극하면 저울추는 금세 되돌아온다. '제3지대의 조정'이 다자 구도의 균형을 바꾸면 예상과 다른 지도가 펼쳐진다. 결국 표는 바람과 길 사이에서 결정을 내린다. 바람은 대통령 지지율이고, 길은 생활의 결과다.

이번 지방선거에서는 여당이 승리할 가능성이 분명히 보인다. 다만 승부의 문은 아직 닫히지 않았다. 선거는 늘 마지막 일주일이 길다. 바람은 그때 가장 거칠게 분다. 그 바람 속에서 누가 먼저 길을 내고, 누가 끝까지 길을 지키느냐가 지도를 바꾼다.

우리나라 지방선거는 어떻게 태동했나

우리나라 지방선거는 한 번에 완성된 제도가 아니라 여러 번의 중단과 재개 과정을 거쳐 오늘에 이르렀다. 한국전쟁 직후 혼란이 가시기도 전에 지방자치의 씨앗이 뿌려졌다. 1949년에 지방자치법이 제정되고, 1952년에 지방의회 의원을 뽑는 선거가 처음 실시됐다고 알려져 있다. 당시에는 도지 사나 시장, 군수 같은 집행기관의 수장은 중앙정부가 임명했고, 시민은 의 회 의원을 통해 간접적으로 지역 살림에 목소리를 냈다. 오늘의 기준으로 는 반쪽짜리 자치처럼 보이지만, 당대에는 중앙집권 체제 속에서도 '지역이 스스로 살림을 논의한다'는 상징을 남겼다고 평가된다. 1950년대 중반에는 지방의회 선거가 한두 차례 더 치러지며 제도가 뿌리를 내리는 듯했다.

제도의 안착은 1961년 군사정권 등장과 함께 급제동이 걸린다. 지방의 회가 해산되고 자치권이 사실상 중단되었다. 이후 수십 년 동안 도지사와 시장, 군수는 중앙이 임명했고, 지역의회도 사라졌다. 동사무소의 안내문과 구청의 현판은 바뀌었지만 의사 결정은 중앙에서 내려졌다. '자치'라는 단 어는 헌법과 법전에만 남아 있었고, 생활 정치의 무대는 일시 정지 상태였 다. 이 시기에 지역사회는 민원과 청원이라는 우회로로 의견을 냈고, 시민단 체와 주민 조직이 가늘게 연결망을 이어갔다고 기록된다.

1987년 체제 이후 민주화의 바람이 거세지고 '지방으로 권한을 돌려

주자'라는 요구가 본격화한다. 1991년에 지방의회 선거가 부활하면서 반쪽 자치가 다시 시작되었다. 주민은 다시 의원을 뽑을 수 있게 되었고, 의회는 예산과 조례로 생활의 규칙을 다듬기 시작했다.

그러나 지역의 살림을 집행하는 수장은 여전히 임명직이었다. 이 반쪽을 채운 것이 1995년의 전국 동시 지방선거다. 1995년 여름, 시민은 처음으로 도지사와 시장, 군수, 구청장을 직접 뽑았다. '의회와 집행부를 모두 주민이 선택한다'라는 원칙이 실제로 구현된 순간이었다. 이후 4년마다 6월이면 전국이 같은 날 투표를 한다. 이 제도는 '동시에 뽑는다'는 형식을 통해 전국적 관심을 끌어올리고 지역 간 비교를 가능하게 만들었다고 평가된다.

1995년 이후의 변화는 '표를 어디에 어떻게 행사할 것인가'라는 기술의 문제로 이어진다.

지방의회 의원 선거는 지역구와 비례대표를 섞는 방식으로 굴러왔고, 기초의회에서는 한 선거구에서 여러 명을 뽑는 중선거구가 널리 쓰여왔다. 유권자는 한 표만 행사하고, 득표 상위 후보가 선거구 정원만큼 당선되는 구조가 대표적이다. 이 구조는 소수 정당과 신인이 진입하는 문을 조금 넓히는 효과가 있는 반면, 지역 정당 구도가 굳을 경우 오히려 경쟁을 제한하는 부작용을 낳기도 한다는 논쟁이 이어졌다. 비례대표는 정당 득표율에 맞춰 배분되는데, 여성 후보의 참여를 늘리기 위한 규정이 일찍부터 도입되어 '명부 상위에 여성을 반드시 배치하라'는 등의 장치가 확대되었다. 생활 정치의 다양성이 의회 구성에 반영되도록 만든 고리라고 한다.

선거를 '쉬운 참여'로 만드는 절차의 변화 폭도 컸다. 사전투표 제도가 들어서면서 주말에 미리 투표할 수 있게 되었고, 투표 참여의 문턱이 내려

갔다. 젊은 세대의 참여를 확대하기 위해 선거 연령이 낮아지면서 고등학교 졸업생 연령대가 지방선거에 참여하는 풍경도 익숙해졌다. 투표 절차가 간편해질수록 '생활 정치'라는 말이 말뿐인 구호에서 실제로 참여하는 경험으로 바뀌었다는 점을 현장에서 확인할 수 있다.

교육 자치도 중요한 변화의 축이다. 한때 교육감은 임명직이었지만, 2000년대 중후반부터 교육감과 교육의원을 주민이 직접 뽑는 쪽으로 제도의 흐름이 바뀌었다. 처음에는 지역별 보궐이나 시범 선거로 시작했고, 2010년 전국 단위 지방선거와 보조를 맞추는 방식으로 자리 잡았다. 교육 정책의 많은 부분이 지역 예산과 연결되어 있고, 돌봄과 방과 후, 학교 시설 안전 같은 생활 현안과 맞닿아 있다는 점에서 교육 자치에 대한 직접선거는 주민의 통제의 실효성을 높였다고 평가할 수 있다.

지방자치에 대한 '참여'는 투표만으로 끝나지 않는다. 주민투표와 주민소환, 주민감사청구 같은 제도가 2000년대 들어 속속 도입되었다. 특정 사업을 진행할지 말지 주민이 직접 묻거나, 선출직에 대한 소환을 추진하거나, 행정에 대한 감사를 요구하는 통로가 열렸다. 참여가 촘촘해질수록 '한 번 뽑으면 4년 내내 기다린다'는 무력감이 줄어든다. 물론 남용과 피로의 문제도 따라붙지만, 제도라는 것은 사용하면서 교정되는 법이라 적는 편이 옳다.

권한과 재원의 문제도 빼놓을 수 없다. 지방분권이라는 이름으로 중앙의 권한을 지방으로 넘기려는 시도는 여러 차례 있었다. 사회복지, 도시계획, 환경, 안전 분야에서 지방자치단체의 권한이 조금씩 넓어졌고, 지방세와 교부세의 배분 기준도 보완되어왔다. 최근에는 지방의회의 인사권 독립처럼 의회의 자율성이 강화되는 흐름도 등장했다. 제도의 성숙은 느린 호흡으로 찾아오지만, 분권의 매듭이 풀릴수록 지방선거가 '진짜 권한을 나눠주는 선거'가 된다는 점은 분명해졌다.

다른 나라의 지방선거는 어떨까

이제 시선을 국경 밖으로 옮긴다. 우리와 비슷한 선거가 다른 나라에도 있는지, 있다면 무엇을 어떻게 뽑는지, 그들에게 지방선거가 어떤 의미인지 살펴보면 우리의 제도가 어디에 서 있는지 감이 잡힌다.

미국을 먼저 떠올릴 수 있다. 미국은 연방제 국가여서 주와 지방의 권한이 크다. 주지사는 주민이 직접 뽑고, 주 의회도 별도의 선거로 구성한다. 주 법률과 예산이 교육과 복지, 교정과 치안에 깊이 관여해 '주(州) 정치'가 곧 생활 정치라는 말이 나올 정도다. 도시에서는 시장과 시의회가 주민 손으로 결정되는 경우가 일반적이다.

선거 방식은 지역마다 다채롭다. 시장을 단순 다수제로 뽑는 곳이 많지만, 결선 투표를 도입한 도시도 적지 않다. 지방선거의 의미를 한 문장으로 요약하면 '경쟁하는 주와 도시의 실험'이라 한다. 같은 문제를 놓고 각자 해법을 내고, 유권자가 성적표를 들고 다음 선거에서 평가한다. 교육위원이나 보안관처럼 한국에는 없는 선출직이 있다는 점도 특징이다.

영국은 중앙집권 색채가 강했지만, 1990년대 후반 이후 점진적으로 권한을 내려보내는 작업을 해왔다. 스코틀랜드와 웨일스, 북아일랜드에는 자체 의회와 정부가 있고, 선거제도도 다르다. 지방선거를 보면 잉글랜드의 지방의회 선거는 단순 다수제를 변형하여 사용해왔고, 스코틀랜드와 북아일랜드는 여러 명을 뽑는 선거구에서 선호 투표를 합산하는 방식을 널리 사용한다. 런던처럼 직접 선출하는 광역시장 제도를 둔 곳도 있다.

영국에서 지방선거는 사회복지와 도로, 주택, 쓰레기 수거 같은 생활 서비스의 품질을 결정하는 투표로 여겨진다. 총선보다 관심이 낮게 나타나도, 주민세와 주거 계획이 직결되기 때문에 '내 집 앞'의 이해관계가 투표율을 끌어올리는 구역이 늘 존재한다.

독일은 연방제의 교과서라 부를 만하다. 주 정부의 권한이 강하고, 주 의회 선거가 국가 정치에 대한 중간평가 기능을 수행한다. 지방선거는 주마다 제도가 조금씩 다르지만, 시장을 주민이 직접 뽑는 곳이 널리 퍼져 있다. 의회는 정당 명부 비례대표나 혼합형을 쓰는 경우가 많아 지역 정치의 다원성이 비교적 잘 반영된다. 독일에서 지방선거의 의미는 '연방의 균형추'라 말할 수 있다. 중앙이 방향을 잡아도 주와 기초자치단체가 정책의 속도와 방법을 조정하면서 지역의 특성을 살린다. 지방선거 성적은 곧바로 주 정부 구성과 연결되고, 중앙 정치의 연립 구성에도 파급효과를 미친다.

프랑스는 두 차례 투표로 승자를 가리는 문화가 뿌리 깊다. 시장을 직접 뽑는 도시는 많지 않고, 보통은 주민이 뽑은 시의원이 다시 시장을 선출한다. 대도시권에서는 광역 수준의 선거가 따로 열리고, 지역개발과 교통을 담당하는 단위가 복잡하게 얽혀 있다. 프랑스에서 지방선거는 '정치 엘리트의 등용문'이라는 의미도 크다. 지방에서 행정 능력을 검증받은 정치인이 중앙 무대에 진출하는 경로가 제도적으로 열려 있다. 그만큼 주민은 시장과 구청장에게 행정의 완성도를 냉정하게 묻는다.

일본은 우리와 구조가 비슷하면서도 다른 결을 보여준다. 도도부현 지사와 시구정촌장 직접선거가 정착되어 있고, 의회는 단기 투표제로 여러 명을 뽑는 선거구가 일반적이다. 일본에는 '통일지방선거'라는 이름으로 4년에 한 번 여러 지방선거를 묶어 치르는 관행이 있다. 다만 동시성의 범위가 한국만큼 일치하지는 않는다. 지방선거의 의미는 '조용하지만 꾸준한 집행력의 경쟁'이라 한다. 생활 서비스의 표준이 높은 사회에서 유권자는 후보의 성실성과 미세한 능력 차이를 유심히 본다.

이렇게 비교해보면 한국의 지방선거는 몇 가지 특징이 있다. 주민이 집행기관의 수장을 직접 뽑는 '직선'이 핵심이고, 의회는 지역구와 비례대표를 섞어 다층의 대표성을 확보하려 한다.

결국 지방선거의 의미는 권력의 배분이 아니라 '생활의 품질을 고르는 일'이라 정리할 수 있다. 역사를 훑고 세계를 둘러본 이유는 하나다. 다음 장들에서 각 지역의 정책과 인물을 읽을 때 표가 어디로 가야 생활 서비스가 빨라지고 더 안전해지고 기회가 넓어지는지 가늠할 기준을 세우려는 것이다. 우리는 이미 여러 차례 중단과 재개의 시간을 지나 오늘의 지방선거를 얻었다. 이제 남은 일은 간단하다. 생활의 언어로 공약을 읽고, 책임의 이름을 확인하고, 약속의 시간표를 기억하는 습관을 갖는 일이다. 그렇게 한 표를 준비하면 지방선거는 더 이상 덜 중요한 선거가 아니라, 가장 가까운 정치의 이름이 된다.

시장·도지사는 우리 삶에 큰 영향을 끼친다

시장과 도지사는 지방자치를 통해 사업 방향을 분명히 잡는다. 임기 초 몇 달이 도시의 4년을 좌우한다. 비전을 한 문장으로 정리하고, 전략을 몇 갈래로 나누고, 과제를 사업 단위로 쪼개고, 지표를 생활 언어로 번역한다.

다음으로 지역 내부의 균형을 세심하게 맞춘다. 신도심이 반짝하면 원도심이 시든다. 산업단지가 커지면 농촌의 길이 좁아진다. 균형 발전은 거대한 담론이 아니라 동네 지도 위의 미세한 수정이다. 의료·교육·문화시설을 생활권 단위로 재배치하고, 대중교통 노선을 외곽과 중심을 잇는 방식으로 다시 설계한다. 균형 발전이 성공하면 주민은 집값이 아니라 생활의 편차로 동네를 선택하게 된다. 요약하면 접근성, 가용성, 안전성의 격차를 줄이는 일이라 한다.

지역의 전략사업을 키우는 일도 큰 축이다. 모든 도시가 모든 산업을 잘할 수는 없다. 선택과 집중이 답이다. 강점을 고르고, 약점을 보완하고, 미래 수요를 낚아챈다. 항만이 강한 곳은 물류와 해양 에너지로, 산이 품은 도시는 레저와 헬스 케어로, 대학과 연구소가 밀집한 지역은 반도체·바이오·인공지능 같은 고부가가치 산업으로 경로를 그린다. 산업 클러스터를 조성하고, 관련 기업과 대학, 연구기관, 창업 보육 공간을 한 지도에 묶는다. 규제 샌드박스로 실증을 허용하고, 표준과 인증을 지원해 기술이 시장에 진입하는 시간을 줄인다. 지역 브랜딩도 전략의 일부다.

투자를 부르는 능력은 도시의 체온을 바꾼다. 투자 유치의 본질은 속도와 확실성이다. 원스톱 센터를 만들어 부지, 인허가, 인력, 금융을 한 창구에서 처리한다. 입지 보조금과 세제 감면 같은 당근은 기본이고, 전력·용수·도로 같은 기반 시설을 선제적으로 깔아 기업의 불확실성을 낮춘다. 민관 협력 방식으로 도시개발 금융을 구성하고, 지방채와 특별 회계를 활용해 사회간접자본을 제때 확충한다. 공공 조달을 혁신해 지역 기업이 시험대에 오를 기회를 넓힌다. 투자 협약은 사진 한 장으로 끝날 일이 아니다.

교육 발전은 지역의 미래와 직결된다. 교육감과의 협력은 필수다. 초·중·고등학교의 학습 환경을 지방자치단체가 직접 바꾸기 어렵더라도 돌봄, 급식, 안전, 방과 후, 학교 시설 복합화 같은 영역에서 힘을 보탠다. 도서관과 문화시설을 학교와 연결하고, 마을 강사와 지역 예술인이 학교로 들어갈 통로를 연다. 직업교육과 평생학습은 지자체의 손에서 빛난다. 대학과 기업, 연구소와 함께 지역 맞춤형 인재 양성 프로그램을 설계하고, 청년에게 현장형 채용 연계를 열어준다. 지역 대학은 도시의 두뇌다. 캠퍼스 혁신 공간, 산학 공동 연구, 지역 문제 해결형 캡스톤을 지원하면 지역은 똑똑해진다.

국토의 균형은 광역을 넘어 초광역의 협력으로 다가서야 한다. 행정 경계를 넘어 생활권과 경제권을 하나의 네트워크로 묶는다. 광역철도와 급행버스, 환승 센터와 주차 허브를 잇고, 물류의 동맥인 항만과 공항, 철도를 공조한다. 공공기관 이전이나 혁신도시 업그레이드는 정치의 이벤트가 아니라 기능의 재배치로 설명한다. 수도권 과밀을 덜고 비수도권의 기회를 키우는 해법은 한 줄로 끝내지 못한다. 제조와 서비스, 농산어촌과 도시의 균형 문제를 공간 전략으로 풀어야 한다. 초광역 연합체를 통해 상생하는 사업을 만들고 재정과 규제를 나누면 '1+1=3'이 되는 순간을 경험할 수 있다.

시장과 도지사의 역할은 생활의 질서를 재구성하는 것이다. 지방자치의 방향을 분명히 하고, 지역 안팎의 균형을 맞추고, 선택한 전략사업을 키우고, 투자를 끌어들이고, 교육으로 미래의 근육을 만들고, 국토 차원의 연결을 치밀하게 설계한다. 그 과정에서 위기에 흔들리지 않는 지휘, 데이터에 기대는 판단, 시민과의 약속을 일정으로 바꾸는 집요함이 필요하다. 요란한 말이 도시를 바꾸지는 않는다. 고른 호흡으로 꾸준히 일하는 손이 도시를 바꾼다. 유권자가 그 손을 알아보는 눈을 가질 때 지방선거는 비로소 생활에 가장 가까운 정치가 된다.

누가 시장·도지사가 될까

시장과 도지사의 얼굴이 선거철마다 바뀌는 이유는 대개 두 가지로 수렴한다. 지역에서 힘이 센 인물인지, 중앙권력과 얼마나 가깝게 연결되어 있는지다. 다소 건조하게 들리지만, 현실의 기어는 이 두 톱니가 맞물릴 때 돌기 시작한다. 누가 일을 더 잘할 것인가보다 누가 공천을 손에 넣을 수 있는가를 먼저 계산하는 풍경이 반복된다. 안타깝다고 말하면서도 현장은 그 규칙을 따르는 쪽의 손을 들어준다. 선거는 냉정한 경기다.

지역에서 힘이 센 인물의 공통점은 분명하다. 지역위원회 조직이 촘촘하고, 선거 때마다 구청장과 기초의원 후보까지 묶어 뛰는 연쇄 캠페인에 능하다. 명절이면 전통시장에 먼저 도착해 상인들과 동선을 맞추고, 재난이 일어나면 현장 사진을 누구보다 빨리 올린다. 이런 유형은 이름값과 조직력을 동시에 쥔다. 여론조사에서 이름을 보여주기만 해도 반응률이 다르게 나온다. 그 반응이 다시 공천 심사와 전략 판단의 근거가 된다. 인지도는 곧 자산이 되고, 자산은 곧 권한이 된다.

중앙권력과 가까운 인물의 장점은 추진력이다. 예산과 규제, 인사와 제도에서 중앙의 문턱을 통과하는 속도가 다르다. 부처 국장과 국회 상임위원회, 청와대 비서실을 찾아가는 동선이 짧고, 전화번호부가 두껍다. 지역의 숙원 사업이 중앙의 결재판에 오르는 시간이 줄어든다. '줄'이 좋다는 말은 거칠어 보이지만, 현실의 행정에서 영향력은 시간을 단축시키는 기술로 작동한다. "구슬이 서 말이라도 꿰어야 보배"라더니, 꿰는 속도가 빠른 사람이 결국 결과를 찍는다.

지역에서 힘이 강하며 중앙권력과 가까우면 공천의 문은 크게 열린다. 정당의 공천은 선거의 절반이라 불린다. 경쟁력 있는 후보를 앞세우면 판세의 기본선이 달라진다. 지역 강자와 중앙 연결망이 한 인물에게 모이면 공천 과정은 그림처럼 흐른다.

반대로 지역에서 풀이 얇고 중앙과의 연결이 약하면 후보는 시작도 하기 전부터 지친다.

정당은 확실한 승리를 원한다. 승리를 향한 갈증은 언제나 계산을 앞세운다. 정책과 비전의 우열보다 승산과 리스크 관리가 먼저 표가 된다. 그래서 '누가 일을 더 잘할까'라는 시민의 질문이 '누가 공천을 받을까'라는 당의 질문으로 바뀌는 순간이 잦다.

문제는 이 모든 요소를 합쳐도 '누가 일을 더 잘하는가'가 진검승부의 첫 질문이 되지 않는다는 점이다. 당의 입장에서는 지는 선거가 나쁜 선거다. 이기는 후보를 고르는 데 매달리다 보면 결과적으로 '일잘러'보다는 '이

길러'를 찾게 된다. 그 과정에서 어쩔 수 없이 능력과 공천의 상관계수가 뒤틀린다. 시민 입장에서는 씁쓸하지만 알아둬야 하는 현실이다. 현실을 알자는 말은 체념하자는 뜻이 아니다. 현실을 아는 만큼 다른 질문을 꺼내면 된다. 누가 공천을 받느냐의 논리를 넘어, 누가 일정과 예산과 인사에서 질서를 만들 수 있는지 묻는 습관이 필요하다.

사실 중앙권력과의 친밀도가 무조건 나쁜 건 아니다. 중앙의 네트워크가 지역 문제 해결에 투명하게 쓰이면 시민은 박수를 보낸다. 다만 그 친밀도가 공천 줄 세우기나 자기 사람 심기에만 동원되면 곧바로 실망으로 바뀐다. 과속 방지턱을 제대로 넘어가는 정치는 자동차에 좋은 정치다. 속도를 높일 때와 줄일 때를 구분하는 감각이 필요하다. 그 감각은 중앙에서 내려오는 것이 아니라 현장에서 올라오는 목소리를 듣는 귀에서 나온다. 이 귀를 가진 사람은 권력과 가까워도 시민과 멀어지지 않는다.

지역 강자의 존재도 마찬가지다. 지역에서 오랫동안 쌓은 신뢰가 공천을 돕는다면 그것은 자산이다. 다만 지역의 일상과 멀어진 채 행사만 돌아다니는 정치라면 그 힘은 껍데기다. 결국은 길이 말해준다. 골목의 가로등 밑에서 후보가 몇 번이나 멈췄는지, 시장통에서 가격표를 얼마나 오래 들여다봤는지, 행정복지센터의 민원 창구에서 몇 번이나 눈을 맞췄는지 같은 장면이 있다면 그 지역 강자는 이름값을 했다. 이름값이 없으면 언젠가는 사라진다. 말하자면 지역에서의 힘은 갱신형 면허다.

선거가 다가오면 공천 뉴스에 귀가 쏠린다. 복잡한 숫자를 다 읽을 필요는 없다. 다만 우선순위가 어디에 찍혀 있었는지, 말했던 공약이 어디까지 갔는지, 작년에 약속했던 일정이 올해 어떻게 바뀌었는지 정도를 보면 충분하다. 그 문서 위에 후보의 이름을 올려보면 공천의 그림자보다 일의 그림자가 더 진하게 보인다. 그때 비로소 질문이 바뀐다. '누가 공천을 받았는가'에서 '누가 도시의 리듬을 잘 조율할 수 있는가'로.

구청장·기초의원이 꼭 필요한 이유

구청장과 광역의원, 기초의원은 생활 정치의 최전선에 서는 사람이다. 선거가 끝나면 거창한 구호는 내려가고, 결재와 심의, 현장 점검과 행정 사무 감사가 일상이 된다.

말보다 일정이 빠르고 약속보다 실행이 정확한 사람이 유능한 사람이라 한다. 이 글에서는 그 일을 누가 어떻게 나누어 맡는지 생활의 장면으로 풀어본다.

구청장은 도시의 작은 호흡을 관리하는 현장 지휘자라 한다. 시장이나 도지사가 도시와 도 전체의 방향과 큰 사업을 설계한다면, 구청장은 그 설계도를 동네의 시간표로 바꾼다. 도로 보수공사 일정, 주차면 확장 계획, 공원과 체육시설의 유지 관리, 쓰레기 수거 방식 개선, 재활용 정착 같은 생활 SOC(사회 기반 시설)가 책상 위에서 골목으로 내려오는 과정에서 구청장의 결재가 찍힌다. 행정에서 "호미로 막을 일을 가래로 막지 않는다"라는 속담은 구청장 업무표에 가장 먼저 적힌다.

구청장의 권한은 예산과 인사에서 힘을 발휘한다. 동 행정복지센터의 민원 창구 인력 배치, 신속 민원 대응팀 운영, 현장 기동반 편성 같은 조직

재배치가 체감 속도를 올린다. 주민참여예산이나 협치회의를 통해 지역의 바람을 예산표로 옮기는 솜씨도 구청장의 능력이다. 작은 결정이 모이면 도시의 온도가 달라진다.

반면 광역의원과 기초의원은 '동네의 국회의원'이라 한다. 이들은 조례를 만들고 예산을 심사하고 집행부를 견제한다. 의회의 하루는 회의장보다 상임위원회에서 가려진다.

상임위는 분야별로 나뉘어 조례안을 조문 단위로 뜯어본다. 조례 제안 이유가 타당한지, 예산이 현실적인지, 다른 조례와 충돌하지는 않는지, 현장의 실행 주체가 준비되어 있는지를 차례로 점검한다. 예산 심사 때는 편성의 우선순위가 시민의 체감과 맞는지, 통계가 실제를 가리고 있지는 않은지, 성과 지표가 생활의 언어로 번역되어 있는지까지 확인한다.

행정 사무 감사와 시정 질문, 구정 질문은 의회의 칼날이다. 책임을 회피하는 답변을 만나면 추가 자료 요구와 현장 확인으로 파고든다. 좋은 의원은 자료 요구를 많이 하는 사람이 아니라, 필요한 자료만 정확히 요구하는 사람이라 한다. 질문이 명확하면 행정은 빨라진다.

광역의원은 초광역 협력과 지역 간 균형에 특히 민감해야 한다. 특정 지역에 투자와 시설이 쏠리면 다른 지역은 소외된다. 광역의회는 이 불균형을 조정할 권한이 있다. 광역철도의 노선을 고를 때 환승 수요와 개발 압력만 보지 않고, 이동 약자의 접근성과 외곽 생활권의 연결도 함께 따져야 한다. 광역 문화시설이나 체육시설을 설계할 때도 중심지 하나에 집중하며 끝내지 말고 권역별 분산을 고민해야 한다. 예산을 1원이라도 더 받아 오는 의원보다, 예산을 공정하게 나눠 시민 전체의 편익을 키우는 의원의 활동이 홀륭한 의정이라 한다. 보도자료 한 줄보다 분배의 논리를 설득하는 문장 하나가 더 길게 남는다.

의원의 권한은 감시만이 아니다. 정책을 제안할 수 있다. 의원 발의 조례는 의정의 품질을 가늠하는 잣대다. 도시계획, 환경, 복지, 문화, 청년, 노인, 장애인, 여성, 소상공인 같은 분야에서 선제적으로 의제를 제안하고, 공청회와 토론회를 열어 이해관계 충돌을 조정한다. 입법 예고 기간에는 시민의 의견을 받아 수정안을 내고, 현장에서 실험할 수 있는 시범 사업 조항을 미리 넣으면 실행력이 높아진다.

구청장과 의회는 서로의 거울로 움직인다. 구청장은 '쓰는 사람'이고 의회는 '따져 묻는 사람'이라 흔히 말한다. 더 정확히 말하면 구청장은 현장의 시행착오를 줄이는 사람이고, 의회는 그 시행착오가 다음에 반복되지 않도록 '규칙의 나사'를 조이는 사람이다. 부딪힐 때는 데이터로 말하고, 합의할 때는 일정으로 말하는 문화가 필요하다. 회의실의 뜨거운 말이 골목의 차가운 바람으로 식지 않게 하려면 서로가 서로의 역할을 인정하는 태도가 먼저다.

누가 구청장·기초의원이 될까

사람들이 누가 구청장과 광역의원과 기초의원이 되느냐고 물으면 '지역의 오래된 이름이 이긴다'라고 말한다. 하지만 중앙의 힘이 내려오면 판이 바뀐다. 선거판에서 힘은 방향과 속도를 만든다. 방향은 지역에서 쌓인 신뢰가 잡고, 속도는 중앙과의 연결이 붙인다.

먼저 구청장의 경로를 살핀다. 가장 흔한 길은 지역에서 오래 일한 시의원이다. 동네 사정을 손바닥처럼 아는 사람이다. 장점이 분명하다. 현장 적응에 시간이 들지 않는다. 생활의 병목을 정확히 짚는다. 약점도 있다. 오랜 인연이 때로는 족쇄가 된다. 특정 단체의 이해와 충돌할 때 결단이 흐려지는 순간이 생긴다. 지역의 오래된 관행과 정면으로 부딪쳐야 할 때 망설이면 구청의 속도가 떨어진다.

다음으로 중앙과 가까운 낙하산 인사가 구청장으로 내려오는 길이 있다. 이때 우려가 생기는 이유는 분명하다. 지역 사정을 모를 수 있다. 그러나 모든 낙하산이 나쁜 것은 아니다. 중앙의 문턱을 낮추는 능력이 탁월한 경우가 있다. 이들은 부처와 공기업, 국회 상임위와 협의하는 속도가 빠르다. 지역 숙원이 결재판에 올라가는 시간이 줄어든다.

이 두 길 사이에 또 다른 길도 있다. 부단체장과 국장 출신의 관료형, 시민단체와 사회적 기업, 지역 대학에서 성장한 로컬 챔피언형이다. 관료형은 규정과 절차를 잘 다루어 집행력이 좋다. 다만 메시지의 온도가 낮아 공감에서 손해를 보기도 한다. 로컬 챔피언형은 현장 감수성이 뛰어나 민원과 정책을 잇는 솜씨가 좋다. 다만 거대한 예산과 다층 조직을 움직이는 리더십을 보완할 필요가 있다.

구청장의 공천은 정당의 생리를 설명한다. 정당은 이길 후보를 찾는다. 이길 가능성은 네 가지 지표로 가늠된다. 이름이 얼마나 알려졌는지, 그 인물을 싫어하는 사람이 얼마나 적은지, 현장 조직이 얼마나 두꺼운지, 중앙과의 연결로 초반 성과를 얼마나 빨리 만들 수 있는지다. 문제는 여기서 능력이 종종 누락된다는 점이다. 능력은 선거 전에는 가늠하기 어렵다.

광역의원과 기초의원의 경로에서는 지역 정당에서 얼마나 오래, 얼마나 꾸준히, 얼마나 성실하게 활동했는지로 공천 여부가 결정된다. 지역위원회 당직을 맡아 오랫동안 당무를 지킨 사람, 선거 때마다 캠프의 허리를 붙잡고 버틴 사람, 평소에도 당원 교육과 봉사, 정책 토론을 챙긴 사람이 리스트 상단으로 올라간다. 특히 소규모 자영업과 지역 기업을 운영하며 고용과 기부, 봉사를 이어온 인물은 인지와 신뢰를 함께 얻는다. 세무사와 변호사, 건축사와 사회복지사 같은 전문직도 현안 해결 능력을 앞세워 진입한다.

지역에서 오래 목소리를 낸 사람과 사업을 오랫동안 해온 사람이 공천받기 쉬운 건 당연하다. 사람을 움직이는 힘은 말이 아니라 관계에서 나온다. 다만 관계가 모든 것을 정당화하지는 않는다. 지역 업무와 사적 이익의 경계가 흐려지는 순간 유권자는 냄새를 맡는다. 이해 충돌을 투명하게 관리하는 능력이 없으면 관계는 리스크가 된다. 사업하는 의원이 모두 나쁜 것은 아니다. 사업과 의정의 경계를 명확히 세우는 의원은 지역경제의 언어로 정책을 번역한다. 반대로 경계를 흐리는 의원은 의회를 영업장으로 만든다. 능력과 윤리의 두 바퀴가 함께 굴러야 한다.

PART 2

대한민국의 심장, 서울

서울을 돌아다니다 보면 이 도시가 얼마나 큰 톱니바퀴인지를 새삼 깨닫는다. 지하철 한 줄이 멈추면 하루가 비틀리고, 버스 환승 체계가 바뀌면 도시의 리듬이 달라진다. 그 모든 고리를 한꺼번에 거느리는 자리가 서울시장이다. 지난 10여 년간 이 자리는 두 이름이 번갈아 쥐었다. 오세훈, 박원순, 그리고 다시 오세훈으로 이어진 시간이다.

서울시장은 대한민국에서 가장 큰 현장 실습장을 운영하는 관리자다. 연간 예산이 웬만한 부처를 능가하고, 산하기관들이 작은 정부 한 개와 맞먹는다. 정책을 한번 발표하면 전국의 시선이 모이고, 시행착오가 생기면 전국이 함께 배운다. 말 그대로 앉으면 주목받고, 움직이면 평가받는 자리다.

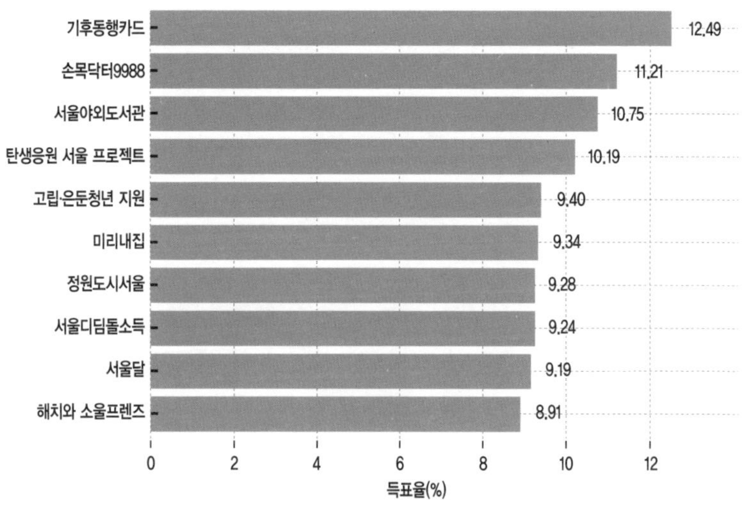

시민이 뽑은 2024년 서울시 체감 정책 톱 10(득표율 기준)
출처: 서울서베이(2024)

서울의 얼굴에는 빈익빈 부익부의 그늘이 또렷하다. 강남과 강북, 도심과 외곽, 신도시와 원도심의 격차가 지도 위에 계층처럼 얹혀 있다. 같은 서울이지만 기회의 밀도가 다르고, 통학과 통근의 시간도 다르다. 어느 곳에서는 초등학교가 넘쳐 아이들이 컨테이너 교실에서 수업을 듣고, 다른 곳에서는 학령인구가 줄어 학교를 통폐합한다. 어떤 동네에서는 밤 10시에 공원이 가족으로 붐비지만, 다른 동네에서는 같은 시각 골목 가로등의 그림자가 길다.

이 불균형의 교차로에서 서울시장이 해야 할 일은 간단히 말해 순서를 정하는 것이다.

서울은 '개발과 보존'이라는 영원한 줄다리기에서도 교과서 같은 도시다. 청계천 복원처럼 상징적인 사업은 도시 정책이 어떻게 국가 정치의 무대까지 번져가는지 보여준다. 도시 정책은 숫자로 설명되지 않는다. 사람의 발걸음과 눈높이, 냄새와 소리, 시간의 감각이 움직여야 설득력이 생긴다. 그래서 서울시장의 언어는 보고서의 문장과 골목의 체온을 함께 가져야 한다.

서울은 한국 정치의 거울이자 생활의 지도다. 이 자리에 앉는 사람은 박수도 욕설을 동시에 감당해야 한다. 그래서 더 궁금하다. 이번에는 누가 이 자리에 앉아 도시의 속도와 품질을 조율할까. 지난 서울시장의 정책과 공약 이행을 생활의 언어로 정리하고, 출마 구도와 판세, 서울이 지금 당장 필요로 하는 해법을 하나씩 벗겨본다.

지난 서울시장의 정책과 공약이행률 분석하기

10년이 넘는 시간 동안 두 사람만이 서울시장을 지냈다. 한 사람은 복지와 도시 재생의 언어로 서울을 바꾸려 했고, 다른 한 사람은 경쟁력과 개발의 속도를 앞세워 리듬을 바꾸려 했다. 그 주인공은 박원순과 오세훈이다. 둘은 서로 다른 시대의 서로 다른 해법으로 같은 도시를 맡았다. 그래서 정책 방향과 공약의 결과를 나란히 놓고 보면 서울 행정의 장단과 한계, 그리고 공약 이행의 구조적 제약이 선명해진다.

먼저 박원순의 시간이다. 그는 서울을 복지와 공동체, 재생과 참여의 프레임으로 읽었다. 취임 초부터 생활형 정책의 촘촘함을 키우는 데 집중했다. 공공자전거 따릉이의 도시 인프라화, 마을 공동체 지원과 사회적 경제 생태계 구축, 에너지 절약 캠페인과 태양광 보급, 생활 임금과 청년 지원, 공공 와이파이 확대 같은 일들이 대표 사례다. 하드웨어로는 서울로7017과 세운상가 일대 재생, 도시 재생 지역의 골목 보행 개선, 공공건축의 공공성 강화가 눈에 띄었다. 그는 끊임없이 행정의 언어를 시민 참여의 언어로 번역하려 시도했고, 거버넌스라는 말이 '서울의 일상 문장'으로 들어오게 만들었다고 평가된다.

박원순 시장의 임기 동안 공약 이행은 비교적 균일하게 진행됐다. 생활 인프라형 과제는 조직만 세팅되면 탄력이 붙었다. 따릉이 확충, 공공 와이파이, 생활 임금, 사회적 경제 육성, 점진적 공공임대 확대 같은 약속은 분기별로 성과를 확인하기 쉬웠다. 반대로 논쟁적인 과제는 중앙정부와의 법제 충돌, 이해관계 조정, 예산의 지속성 측면에서 시간이 들었다. 청년수당과 도심 보행 축, 광장과 역사 공간 재편, 도시 재생의 속도 같은 분야에서는 성과와 논쟁이 동행했다.

오세훈 시장은 과거이자 현재진행형이다. 첫 임기에서는 도시의 외관과 동력에 강하게 개입했다. 한강르네상스 구상과 수변 공간 재정비, 교량과 수변 공원의 이미지 업그레이드, 도시 디자인 표준 정비 같은 작업이 도시의 톤을 바꿨다. 전임의 유산과 혼재된 사업들도 이어졌다. 동대문디자인플라자 같은 상징 시설은 개관 시점의 정치적 공방을 넘어 도시 브랜드의 일부가 됐다. 다만 무상급식 주민투표 사태로 임기를 마치지 못하면서 장기 과제 평가가 절반에서 멈췄다는 점이 아쉬움으로 남았다.

다음 임기에서는 속도의 키워드가 명확했다. 재건축·재개발 추진 체계에 손을 대고 신속 통합 기획, 모아타운 같은 수단으로 지역별 공급의 채널을 뚫으려 했다.

이 시기의 공약 이행은 성격이 분명한 과제에서 속도가 빨랐다. 신속 통합 기획과 모아타운, 노후 지역 정비의 틀은 제도 설계만 끝나면 물량이 연쇄적으로 따라붙는다. 광화문광장 같은 상징 사업은 선호가 갈려도 완료에 관한 사진이 빨리 나온다. 반대로 외부 변수에 민감한 과제는 지연과 조정이 반복됐다. 재건축 안전 진단, 용적률, 분양가 상한제 등 중앙정부 제도와 얽히는 영역은 도시의 의지가 곧바로 결과로 이어지지 않았다.

이제 두 사람의 정책을 분야별로 겹쳐 본다.

보행과 공공 공간에서 박원순 시장은 보행권과 공유 공간의 확대를 통해 도시의 체온을 낮추는 데 힘썼다. 고가도로의 산책로 전환, 골목 보행 정비, 광장과 보행 축 재편에 대한 구상들이 도시의 일상에 스며들었다.

오세훈 시장은 상징 공간의 이미지와 효율을 강조하며 광화문광장과 한강 변을 정비했다.

한쪽은 생활의 잔잔한 변화에, 다른 한쪽은 대표 공간의 선명한 변화에 초점을 맞췄다. 교통에서는 박원순이 공공자전거와 대중교통의 연결성을 강화했고, 오세훈은 도심 교통 체계와 광역 네트워크의 속도를 높이는 방향으로 갔다. 복지와 돌봄에서 박원순은 보편과 촘촘함의 프레임으로 접근했고, 오세훈은 표적과 체험의 프레임으로 접근했다. 주거와 재개발에서 박원순은 재생과 임대의 균형을 통해 체감 복지를 키우려 했고, 오세훈은 정비 사업의 관문을 정비해 공급의 속도를 앞당기려 했다.

한 사람은 도시가 사람의 삶을 먼저 품어야 지속 가능하다고 말했고, 다른 한 사람은 도시가 경쟁과 속도에서 뒤처지면 삶을 지탱할 기반 자체가 약해진다고 말했다.

둘의 답은 다르지만 질문은 같았다. 서울을 더 살기 좋은 도시로 만들자는 질문이다. 공약이행률의 숫자는 그 답의 일부다. 더 중요한 것은 그 숫자가 생활에서 어떤 장면으로 남았는가다. 밤길이 조금 더 밝아졌는지, 출근길이 조금 더 짧아졌는지, 월세 부담이 조금 덜해졌는지, 돌봄의 빈틈이 조금 메워졌는지 등이다. 공약은 결국 장면으로 평가된다. 그 장면이 쌓이면 신뢰가 되고, 신뢰가 쌓이면 다음 약속의 설득력이 달라진다. 이번 장의 평가는 그런 장면들을 하나씩 복기하는 일에서 시작한다.

서울에 필요한 정책 알아보기

　서울을 돌아다니다 보면 같은 말 때문에 귀가 닳는다. 교통이 답답하고, 집이 비싸고, 아이 키우기 힘들고, 부모 돌봄이 버겁고, 문화는 많은데 내 삶과는 멀다는 푸념이다. 맞는 말이다. 그렇다고 한숨만 쉴 일은 아니다. 도시 정책은 순서를 정하고, 시간을 줄이고, 위험을 낮추고, 기회를 넓히면 달라진다.

　먼저 교통이다. 출근길의 분통을 줄이는 길은 의외로 뻔하다. 환승 거점의 품질을 먼저 바꾸면 된다. 환승 센터를 새로 짓자는 이야기가 아니다. 동선과 표지와 계단 설치, 승강장 배치와 혼잡 관리를 다시 하면 된다. 계단 중간에 한 번 더 서게 만드는 병목을 없애고, 환승 통로의 폭을 넓히고, 표지판을 읽기 쉽게 바꾸면 이동 시간이 줄어든다. 정류장 혼잡도 관리도 핵심이다. 특정 시간대에 사람이 몰리는 정류장은 줄 세우는 방식만 바꿔도 체감이 커진다.

　주거는 서울의 심장이다. 공급을 늘리되 질을 잃지 않는 해법이 필요하다. 정비 사업의 속도를 높이는 정책은 이미 작동 중이다. 이제는 품질과 공공성의 기준을 올려야 한다. 역세권 고밀 복합 개발계획에는 학교와 돌봄, 공원과 보행을 같이 넣어야 한다. 공공임대는 물량을 늘리는 것만이 답이 아니다. 관리 품질과 입지의 공정성이 신뢰를 만든다. 도심형 공공주택은 토지임대부 모델이나 전환 임대를 늘리면 좋다. 집값의 전체 평균을 건드리지 못해도, 전월세 급등기를 지나가는 젊은 세대와 신혼부부에게 버팀목이 된다. 빈집과 상가 공실을 활용한 소규모 주택정책도 병행한다. 법규만 정비하면 동네의 숨은 자원이 빠르게 살아난다.

노년 정책은 병원과 복지관, 동 행정복지센터의 벽을 허무는 일부터 시작한다. 방문 건강관리와 주거 리모델링, 식사와 돌봄, 여가와 일자리 정보를 하나의 창구로 묶는다. 낙상 방지와 화재 감지, 가스 차단, 응급 호출 같은 안전 장비를 표준으로 묶어 지원하면 큰 사고를 막을 수 있다. 골목 단위의 커뮤니티 케어는 자원봉사자들만으로는 감당할 수 없다. 돌봄 인력을 안정적으로 확보하려면 처우를 개선하고 교육을 제공해야 한다.

신혼부부 정책은 주거와 돌봄, 일자리가 동시에 맞물려야 효과가 난다. 혼합 소득형 분양과 장기 전세, 전환 임대 등 다양한 선택지를 한 페이지에서 비교할 수 있게 한다. 동네마다 다르지만 공통적인 고통 지점이 있다. 어린이집 대기, 육아와 출퇴근의 모순, 임신과 출산의 의료 접근성, 야근과 주말 근무의 불안이다. 야간 돌봄을 늘리고, 공공 보육 품질을 올리고, 직주 근접 주택을 늘리면 숨이 트인다. 기업과 시가 협약을 맺어 육아 친화 일터를 늘리는 것도 방법이다. 탄력 근무, 재택 선택, 회의 없는 날 같은 작은 제도는 비용이 크지 않다. 시가 먼저 도입하고 민간으로 퍼뜨리면 분위기는 금세 바뀐다.

문화는 과장이 쉽다. 국제 행사를 유치하고 대형 공연장을 짓는 일은 강렬해 보인다. 그러나 시민들이 매주 만나는 공간은 동네 도서관과 생활 문화센터, 소극장과 공원 무대다. 생활 문화 거점을 권역별로 배치하고 대관료와 장비, 인력을 지원하면 동네에 예술이 자란다. 한강과 도심, 골목과 산업시설을 잇는 산책 동선을 만들고 밤의 풍경을 정돈하면 체류형 관광이 늘어난다. 관광객이 체류하는 시간을 늘리는 데 필요한 것은 외국인에게 친절한 표지와 결제, 화장실과 와이파이, 기본적 안전이다. 비싸지 않다. 다만 세심해야 한다.

서울의 정책은 결국 우선순위 싸움이다. 필요한 것은 선택이다. 무엇을 먼저, 어디서부터, 언제까지 바꿀 것인지 답을 정하고, 일정과 예산, 책임에 대한 이름을 붙이면 서울은 생각보다 빨리 달라진다.

서울시장에 어떤 사람이 출마할까

서울시장 선거는 늘 전국 정치의 풍향계이자 생활 정치의 시험대다. 누가 등판하느냐에 따라 선거의 문장이 달라지고, 같은 정책 단어도 다른 색을 띤다. 이번에는 서울시장 후보로 거론되는 인물들의 이력과 강점, 약점, 그리고 서울에 내놓을 법한 비전과 정책을 촘촘히 그려본다.

오세훈 서울시장은 현직 프리미엄을 온몸으로 받은 얼굴이다. 다시 내놓을 비전은 경쟁력과 생활의 교차점이 될 가능성이 크다. 글로벌 기업 유치, 국제회의 산업과 체류형 관광의 전환, 수변과 골목 관광의 연계, 창업 클러스터와 교육 인프라 결합 같은 전략이 이어질 수 있다. 강점은 보여줄 장면이 많다는 점이다. 다만 장기 집권에 대한 피로와 세대교체 요구가 겹칠 경우 새로운 서사와 안전 인프라 강화 전략을 동시에 제시할 필요가 있다.

조국 조국혁신당 대표는 전국급 인지도와 강한 팬덤으로 초반 주목도 상승과 결집을 만들 수 있다. 검찰 개혁 상징성과 메시지력이 야권 지지층에 에너지를 준다. 반면 비호감과 중도 확장의 한계가 뚜렷하고, 시정 운영 경력의 빈칸이 검증 부담을 키운다. 더불어민주당과 표가 분산된다는 리스크가 크고, 사법 논쟁이 생활 의제를 덮을 위험이 있다. 서울의 주거, 교통, 일자리 해법을 숫자와 시간표로 못 박지 못하면 열기가 표로 이어지기 어렵다.

박주민 더불어민주당 의원은 권리와 인권의 언어로 정치에 들어와 의회에서 생활 정책의 언어로 영역을 넓혀온 인물이다. 강점은 현장 감수성과 온라인 조직력이고, 약점으로 지적되는 공격 포인트는 대형 프로젝트를 다뤄본 행정 경험이 얕다는 것이다. 이를 상쇄하려면 분기 단위로 성과가 나오는 묶음 과제를 초기에 배치해야 한다. 본인 지역구인 강북과 청년층의 결집을 기대할 만하지만, 강남과 자영업층을 향해 경제의 언어를 얼마나 확보하느냐가 승부처가 된다.

나경원 국민의힘 의원은 보수 정치권에서 중도 확장을 표방해온 상징적 인물이다. 원내대표 경험을 통해 국정 레버를 만져봤고, 여성 정치인이라는 점이 다양성에 대한 서울 정치의 요구와 맞닿는다. 강점은 중도를 설득하는 언어이고, 약점은 당내 경쟁 과정에서의 노선 충돌과 내분의 잔상이라 본다. 현직과의 경선 국면이 길어지면 유권자의 피로가 역풍이 될 수 있다. 반대로 단일 후보로 정리되면 여성 최초 서울시장이라는 상징이 학부모층과 청년 여성층으로 뻗을 가능성이 있다. 관건은 세대 감수성과 경제 감수성을 같은 문장에 담아내는 능력이다.

이미 서울시장 출마를 선언한 김정철 개혁신당 최고위원은 기성 정치의 틈새를 파고드는 개혁 설계를 들고나올 법한 인물이다. 의회 경험이 얕다면 민첩함으로 보완해야 하고, 정당 규모가 작다면 디지털 조직력과 이슈 장악력으로 존재감을 키워야 한다. 강점은 선명함과 기동성이고 약점은 인지도와 조직력, 전략 투표의 압력이다. 삼자 구도에서 득표율 몇 퍼센트가 판을 가르는 경우 단일화의 규칙과 타이밍을 주도할 수 있느냐가 실질 영향력을 가른다.

현재 조국혁신당은 출마 구도가 오리무중이다. 당사자 출마가 아니더라도 상징성 있는 인사가 갑작스럽게 등판하면 더불어민주당과의 표 분산 이슈가 곧바로 고개를 든다. 반대로 비가시화 상태가 길어지면 선거 막판까지 어디로 향하느냐는 관측이 따라붙는다. 생활 의제에서 독자 브랜드를 만들지 못하면 단일화 변수로만 소모될 가능성이 높다. 검찰 개혁 같은 거대 담론이 아니라 주거와 교통, 돌봄과 안전에서 차별화된 패키지를 내놓아야 의미 있는 존재감이 생긴다.

서울시장은 차기 대선 후보다

서울은 카메라가 몰려드는 도시다. 서울시장은 매일 기자를 상대하며 문장을 다듬고 논쟁을 정리하며 메시지의 뼈대를 정확히 세운다. 말하자면 시장실이 언어의 체육관이 된다. 대선 무대에 서면 이런 훈련이 빛을 본다.

사람을 많이 만날수록 정치 근육이 붙는다. 서울은 이해관계의 교차로다. 재계와 노동, 스타트업과 전통시장, 대학과 연구소, 의료와 복지, 종교와 시민단체가 안에서 부딪힌다. 시장은 이 문들을 오가며 협력의 문장을 만들고, 갈등의 매듭을 푼다. 대선은 동맹의 예술이라 한다. 서울판에서 합의를 여러 번 성사시킨 사람은 전국 연합의 설계자로 자연스럽게 자리 잡는다.

이야기가 빠르게 쌓인다는 점도 서울시장만의 장점이다. 중앙정부의 개혁은 성과가 늦게 올라오지만, 도시는 분기 단위로 변화가 확인된다. 유세장에서 필요한 건 거창한 각론보다 한두 줄의 생생한 사례다. 이런 사례가 서울에서는 금방 쌓인다. 그래서 대선 무대에서 설득력이 유독 높다.

정당의 계산도 서울시장에게 유리하게 기운다. 총선을 치를 때마다 수도의 영향력이 판을 좌우한다. 그 한가운데에서 조직을 굴리고 선거를 지휘했던 시장은 당내에서 자연스레 지렛대를 쥔다. 공천과 메시지, 인재 영입의 순간마다 시장의 의견이 무겁게 작용한다. 경선이 시작되면 광역단체와 기초단체의 네트워크가 빠르게 연결된다. 이 두께가 곧 신뢰가 되고, 신뢰가 모이면 자원과 사람이 모인다.

구체적인 얼굴을 떠올리면 더 빠르게 이해할 수 있다. 청계천 복원으로 상징을 실물로 바꾸며 대선 길을 연 이명박 전 대통령의 사례가 그렇다.

물론 장밋빛만 있는 것은 아니다. 과속의 부작용, 젠트리피케이션 논란, 재정 부담, 형평성 시비 같은 그림자가 늘 함께 따라온다. 작은 실수도 확대되고, 늦은 성과는 곧바로 피로로 돌아온다.

그래서 서울시장은 대권의 보증수표가 아니다. 기회를 크게 키우는 플랫폼이다. 플랫폼을 잘 쓰면 사다리가 되고, 못 쓰면 발목이 된다. 도시의 칭찬이 대선의 탄력으로 튀어 오르기도 하지만, 도시의 흠집이 대선의 약점으로 번지기도 한다.

서울시장은 언론의 스포트라이트와 초대형 조직, 빈번한 위기와 복잡한 이해관계, 국제 무대와 생활의 변화를 한 몸으로 감당하는 자리다. 이 조합이 대선 후보에게 필요한 능력과 거의 겹친다. 그래서 늘 차기 대선 후보로 불렸다. 잘하면 잘하는 만큼 기대가 붙고, 기대가 추진력이 된다. 반대로 한 번 크게 삐끗하면 오래 남는다. "천 리 길도 한 걸음부터"라지만, 서울에서의 한 걸음은 유독 멀리 간다. 그래서 많은 정치인이 오늘도 시청의 불을 늦게까지 켠다. 다음 무대를 내다보는 사람에게 이곳만큼 성능 좋은 리허설장은 찾기 어렵다.

서울의 주목할 지역, 용산구

용산을 걸을 때면 지도가 먼저 보이지 않는다. 소리와 빛, 속도가 먼저 와닿는다. 경호차의 회전 신호와 출퇴근 행렬, 이태원 골목의 밤공기, 한강 바람이 한꺼번에 섞인다. 예전엔 종로가 서울 정치의 맥박이라 했지만, 대통령 집무실이 이사 온 뒤로 용산의 심장 소리가 더 가까워졌다한다. 이재명 대통령 시대에도 집무실은 용산에 있다. 덕분에 이 구의 민심은 전국 정치의 체온계처럼 읽힌다. 그래서 이번 선거에서 용산구청장을 주목해야 한다. 권력과 생활이 맞부딪치는 자리에서 누구의 손길이 골목을 다독일지가 서울 전체의 표정까지 바꾼다.

용산구는 서울의 축소판이 아니다. 서울을 압축했다가 다시 펼쳐놓은 장면에 가깝다. 한남과 이촌의 대단지, 보광과 이태원의 국제 생활권, 용산역의 거대한 환승장, 원효·효창 지역의 오래된 상권과 주거지, 미군 기지 반환 부지의 미래 공원까지 한 구 안에서 부딪힌다. 외교와 경호, 개발과 보존, 밤 문화와 생활 안전이 하루에도 몇 번씩 줄다리기를 한다. 구청장은 이 줄을 어느 쪽으로, 어느 만큼 당길지 매일 결정한다. 그 선택의 합이 바로 '용산의 하루'가 된다.

집회 소리와 아이 숙제의 고요가 충돌하는 순간을 떠올려본다. 대통령실 인근의 확성기 하나가 동네의 일과표를 흔드는 일이 드물지 않다. 그럴수록 '표현의 자유'와 '생활권'의 경계를 더 촘촘히 설계할 필요가 있다. 시험 기간 학교 주변에선 소리를 낮추고, 상가 밀집 골목에선 동선과 시간을 조정하고, 응급차와 버스의 회차 길을 확보해두는 것, 이게 바로 용산 행정의 기본기다. 낭만 대신 현실을 고른다고 해서 권리를 깎는 게 아니다. 권리와 일상이 서로 비켜 설 여백을 만드는 일이다. 구청장의 감수성이 곧 소음의 높낮이를 결정한다.

밤의 안전은 또 다른 숙제다. 이태원 참사가 남긴 상처는 구호로 지워지지 않는다. 군중의 밀도와 흐름, 비상구의 좌표와 골목 경사의 각도, 지하 출입구의 방향 같은 디테일을 상시 점검하고, 위험 구간의 분산 루트를 미리 열어두는 절차가 일상이 되어야 한다. 심야버스 배치와 택시 대기선 정리, 역 주변 조도와 CCTV 사각지대의 보완은 안전의 가장 싼 보험이다. '한 번쯤 괜찮겠지'라는 심리가 가장 비싼 대가를 부른다는 사실을 우리는 이미 배웠다. 용산이 기준을 높이면 서울의 밤이 전체적으로 차분해진다.

용산구청장의 선택은 상징과 생활이 겹치는 자리에서 내려진다. 대통령실 앞을 지나는 행렬 하나, 새로 열린 공원 입구 하나, 골목 소음의 볼륨 하나가 곧바로 전국 뉴스가 된다. 그때마다 구청장의 손길이 갈등을 키울지, 생활로 식힐지가 드러난다. 용산이 흔들리면 서울이 흔들리고, 서울이 흔들리면 정치가 흔들린다. 반대로 용산이 균형을 잡으면 서울의 기준이 올라간다.

결국 질문은 간단하다. 권력의 상징을 생활의 불편으로 만들지 않을 감각이 있는가. 개발의 속도를 품질의 기준으로 제어할 용기가 있는가. 밤의 안전을 원칙으로 묶고, 낮의 활력을 세심함으로 넓힐 수 있는가. 여기에 더해, 국제 생활권의 다국어 행정과 주민 민원을 한 문장으로 풀어낼 수 있는가. 답이 선명한 후보가 용산을 맡아야 한다. 답이 흐릿하면 이 구의 하루는 다시 피로와 과열의 반복이 된다.

사실 용산은 '주목할 지역'이 아니다. 이번에는 '가장 중요한 지역'이다. 권력과 생활, 상징과 실용, 밤과 낮이 같은 페이지에 적힌 곳. 순서를 정하고, 시간을 줄이고, 위험을 낮추고, 기회를 넓히는 그 네 문장을 용산에서 먼저 구현하는 구청장, 그 사람이 서울의 표를 끌어당긴다. 그리고 우리는 그 변화를, 멀리서가 아니라 골목의 바람결에서 가장 먼저 느낄 것이다.

지방선거 현장을 오래 따라다니다 보면 마음속 메모에 같은 문장이 자꾸 쌓인다. 공천이 끝나면 절반은 끝난다. 선거판을 뒤집는 드라마가 가끔 일어나긴 하지만, 대다수 지역에서는 공천이 사실상 표심의 지름길이 된다. 대통령 선거에서는 인물의 서사와 위기 대응이 중도층을 흔들고, 국회의원 선거에서도 지역에서 이름값을 쌓은 후보가 정당 바람을 거스르기도 한다.

반면 지방선거에서는 유권자가 후보의 얼굴과 약력을 꼼꼼히 확인하기 어렵다. 동네 일은 급하고 후보 정보는 흩어져 있고 선거는 짧게 지나간다. 그러니 정당 로고가 안내판이 된다. 이런 현실이 공천의 무게를 과장 없이 키운다.

실제 현장에서 느끼는 분위기도 다르지 않다. 누가 구청장 후보가 됐는지, 광역·기초의원이 어떤 일을 해왔는지 정확히 아는 주민은 많지 않다. 학교 앞 횡단보도, 골목 주차, 쓰레기 수거 시간, 동네 버스 배차 같은 생활 의제는 촘촘한데 후보들의 공약은 놀라울 만큼 비슷하다. 동네에 필요한 일은 비슷하고 예산의 틀도 비슷하니, 문장만 다를 뿐 내용은 겹친다. 그때 유권자는 누구 말을 믿을지를 정당의 신뢰도로 대신 계산한다. 공천장이 후보의 명함 앞면을 채우는 이유가 여기에 있다.

선거제도도 공천의 힘을 더한다. 여러 지역의 광역·기초의원 선거구가 3인 또는 4인으로 짜여 있다. 표가 갈라져도 거대 양당이 한 자리씩은 가져갈 가능성이 크다. 작은 정당이나 무소속이 들어갈 틈은 선거가 특별하게 요동칠 때만 열릴 뿐이다. 지역의 바닥색이 뚜렷한 곳은 더 노골적이다. 호남에서 더불어민주당 공천장은 곧 본선 티켓이고, 영남에서 국민의힘 공천장은 당선 확률을 수직으로 끌어올린다. 후보 개인의 성실함과 역량이 가려지는 순간이 여기서 생긴다. 낙하산 논란이 있어도 조직과 로고가 빈틈을 메운다.

그렇다고 공천 시스템이 무조건 나쁘다는 뜻은 아니다. 정당이 후보를 걸러내고 가다듬는 과정은 민주주의의 한 기능이다. 문제는 그 과정이 불투명하거나 결과를 설득하는 근거가 빈약할 때 생긴다. 특정 계파의 줄서기, 여론조사 한 방으로 줄 세우는 경선, 전략 공천이라는 이름의 기습 투입, 지역 조직의 피드백이 무시되는 순간, 공천은 대표성의 증명이 아니라 배제의 기술로 보인다. 유권자가 공천 과정에서 소외감을 느낄수록 본선의 선택지도 가난해진다.

이럴수록 정당은 공천을 '정치의 시작'이 아니라 '행정의 시험'으로 다뤄야 한다. 경력보다 운영 능력을, 구호보다 숫자를, 유명세보다 평판을 우선순위에 올려야 한다. 과거 공약이행률과 예산 집행의 성실성, 민원 처리의 투명성을 수치로 비교하면 '사람 보는 눈'이 달라진다. 블라인드 심사와 지역 평판 조사, 이해 충돌 검증을 표준화해 경선 전에 턱을 세워두는 것도 좋은 방법이다.

경선 방식도 다듬을 여지가 많다. 여론조사를 하는 방식은 간단하고 빠르지만, 이름값이 높은 후보에게 과도한 프리미엄이 부여된다. 반대로 당원 100% 투표는 조직의 두께가 얇은 신인에게 가혹하다. 주민 참여 경선과 당원 투표의 비율을 유연하게 조정하고, 토론 배심원단을 별도로 구성해 '말의 품질'을 따지는 절차를 끼워 넣으면 결과가 달라진다. 지역 현장 과제를 놓고 후보들이 즉석에서 설계도를 그려내는 공개 검증도 좋다. 정답은 없어도 실행의 언어가 있는지 금방 드러난다.

무엇보다 공천은 '얼마나 단단한 후보를 내보내느냐'만의 게임이 아니라 '얼마나 넓은 시민을 끌어안느냐'의 기술이기도 하다. 연령·성별·직업·생활권의 다양성이 리스트에서 보이지 않으면 지방의회가 같은 말만 되풀이하는 회의장으로 굳어지기 쉽다. 소수 정당과 무소속이 아예 못 들어오는 구조라면, 거대 정당이 스스로 내부의 다양성을 키우는 방식으로 균형을 잡아야 한다. 상임위별 전문성을 갖춘 후보를 일정 비율로 의무화하는 것도 좋은 방법이다. 교통, 복지, 환경, 재정 같은 분야에서 '실무형 한 자리'를 만든다면 의회 운영의 밀도가 높아진다.

시민에게도 주문이 있다. 지방선거에서 정당 로고만 보고 찍게 되는 구조가 답답하다면, 공천이 시작되는 시점부터 관심을 기울여야 한다. 지역당 창구에 경선 규칙을 공개하도록 요구하고, 후보 검증 자료를 찾아보고, 지지 선언보다 질문 리스트를 먼저 만들어 던지면 공천의 품질이 달라진다. 경선 토론과 토크 콘서트를 동네에서 직접 열어도 좋다. 후보의 운영 언어와 자료 감각은 현장에서 더 잘 드러난다. 공천이 본선을 좌우한다면, 공천 과정부터 '참여'가 되는 편이 이득이다.

출마자에게는 더 엄격한 숙제가 주어진다. 공천을 목표로 삼기보다, 공천을 통해 검증받을 작업 계획을 먼저 세워야 한다. 내년 3월에 버스 배차를 어떻게 손볼지, 여름 성수기 쓰레기와 소음을 어떻게 줄일지, 원도심 보행 품질을 어디서부터 올릴지, 취약 지역 안전 점검의 기준을 어떻게 바꿀지 같은 문장을 달력에 붙여야 한다. 경선장에서 이런 달력이 보이면 공천권자도, 유권자도 고개가 끄덕여진다. 반대로 줄서기와 구호만 보이면 로고가 가려줄 수 있는 한계가 분명하다.

정당 입장에서도 공천은 리스크 관리다. 낙하산 논란이 길어지면 본선에서 조직이 느슨해진다. 도덕성 검증이 소홀하면 선거 막판에 폭탄이 된다. 공천을 서두르느라 검증을 건너뛰면 본선 비용은 몇 배로 뛴다. 그래서 일정 디자인이 중요하다. 경선 공고, 토론, 검증, 이의 제기, 확정까지의 여정을 시민에게 미리 공개하고, 각 단계별 결과 요약을 깔끔하게 알리면 불신이 줄어든다. 싸움이 아닌 설명으로 이기는 공천, 그게 본선 경쟁력이다.

이쯤에서 냉정한 결론도 적어둔다. 공천이 곧 당선인 지역이 지금도 적지 않다. 단기간에 바꾸기 어렵다. 그렇다고 손을 놓을 일도 아니다. 공천의 투명성과 품질을 끌어올리면, 같은 정당 안에서도 후보의 결이 달라진다. 비슷한 공약을 들고나와도 시행의 품질은 다르다. 그 차이가 쌓이면 지역의 하루가 달라진다.

결국 지방선거의 공천은 우리 동네의 '예비 인사권'이라 생각하면 이해가 쉽다. 정당은 시민이 맡긴 권한을 충실히 행사해야 하고, 시민은 그 권한이 제대로 쓰이는지 초반부터 지켜봐야 한다. 공천이 본선을 결정짓는 구조라면, 공천이 곧 행정의 품질을 가늠하는 창이다. 누구를 내세웠는지보다 어떤 일을 어떻게 하겠다는 사람을 내세웠는지, 그 차이를 만드는 쪽이 이긴다. 그리고 그 승리는 특정 정당의 승리를 넘어, 우리 동네의 생활을 조금 덜 피곤하게 만드는 쪽으로 돌아온다. 공천을 그렇게 바라보면 지방선거가 훨씬 선명해진다.

PART 3

1,300만의 도시, 경기

흔히 경기도를 '사람과 산업이 만나는 플랫폼'이라 한다.

남부로 내려가면 반도체와 자동차 산업이 도드라진다. 수원과 용인, 화성, 평택에 이르는 축은 세계 공장의 심장부다. 기흥과 화성의 반도체 라인, 평택 고덕의 초대형 캠퍼스가 묵묵히 국가 수출의 절반 가까이를 떠받친다. 성남 판교 테크노밸리의 소프트웨어·게임·핀테크 기업은 제조의 힘에 디지털의 속도를 얹는다. 서부로 틀면 안산 반월·시화공단과 시흥 배곧, 평택항 물류망이 연결돼 제조와 유통의 혈류를 만든다. 북부로 올라가면 양주-포천-연천으로 이어지는 접경의 산업과 관광, 한탄강·임진강의 생태 축이 눈에 들어온다. 동부 권역은 남한강과 국립공원이 품은 수자원과 휴양지가 수도권의 '산소통' 역할을 한다. 이렇게 다른 얼굴들이 맞물리며 경기도는 매일같이 대한민국의 기계실을 돌린다.

지난 10년의 변화는 더 분주했다. '잠만 자는 베드타운'이라는 낡은 표정에서 벗어나 '직주 근접'과 '생활 자족'에 가까워졌다. 새로 들어선 판교 제2·3테크노밸리, 광교와 동탄의 연구·업무지구, 과천 지식정보타운 같은 거점이 출퇴근 동선을 짧게 만들었다. 3기 신도시로 알려진 남양주 왕숙, 하남 교산, 고양 창릉, 부천 대장, 과천 지구는 주거와 공공시설, 자족 기능을 한 묶음으로 설계하며 수도권의 주택 수요를 흡수할 준비를 해왔다.

교통도 고삐를 당겼다. 수도권 광역 급행철도 GTX가 공사에 들어가면서 동탄에서 삼성, 일산에서 여의도, 의정부에서 강남으로 향하는 시간이 확 줄어들 전망이다. 신분당선·서해선·수인분당선 연결처럼 기존 철도의 빈칸을 메운 사업도 속도를 올렸다. 한동안 '출퇴근 지옥'으로 회자되던 광역 통근의 리듬이 늦게나마 바뀌는 중이라 한다.

이 변화는 인구 흐름에 곧장 반영됐다. 경기도는 이미 1,300만 명을 훌쩍 넘긴 초거대 광역단체다. 같은 기간 서울은 정체 혹은 감소를 겪었지만, 경기도는 청년과 신혼부부, 어린 자녀를 둔 가구가 꾸준히 넘어왔다.

이유는 단순하다. 서울보다 넓은 주거 선택지와 신축 아파트의 비중, 비교적 합리적인 가격, 새로 조성된 교육·문화 인프라가 결정을 밀었다. 자녀 교육을 생각하는 30·40세대, 스타트업과 연구직으로 옮겨 붙은 20·30세대가 함께 유입되며 도시가 젊어졌다. 다문화 가구와 외국인 근로자의 비중도 높아지면서 생활의 색채가 다양해졌다. 학교 현장에서 언어·문화 지원이 늘어난 이유도 여기에 있다.

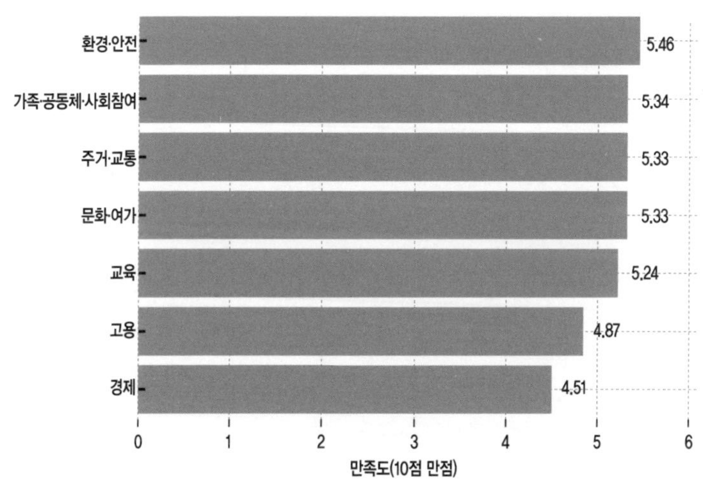

행복지표 영역별 만족도(경기도민)
출처: 경기연구원(2023)

산업의 볼륨은 더 커졌다. 평택 고덕국제신도시는 반도체와 첨단 소재, 물류의 허브로 자리 잡았고, 용인 반도체 클러스터 조성은 설계·장비·소재 기업의 동반 이전을 끌어냈다. 판교는 1·2·3밸리가 하나의 생태계로 묶이며 벤처의 '스케일업 사다리'를 갖추는 중이다. 화성-안성-이천-여주로 이어지는 제조·물류 벨트는 내륙의 장점을 살려 전국 공급망을 잇는다. 이런 변화가 고용을 키우고 소득을 불러들이니 다시 인구가 늘고 도시가 커진다. 선순환의 축이 된 셈이다.

물론 장점만 있진 않다. 빠른 성장에는 항상 그림자가 붙는다. 동서와 남북의 균형이 흔들리고, 북부 접경과 동부 산간은 상대적 박탈감을 체감한다. 시·군 간 재정 격차가 서비스 품질의 차이로 드러나고, 구도심은 신도

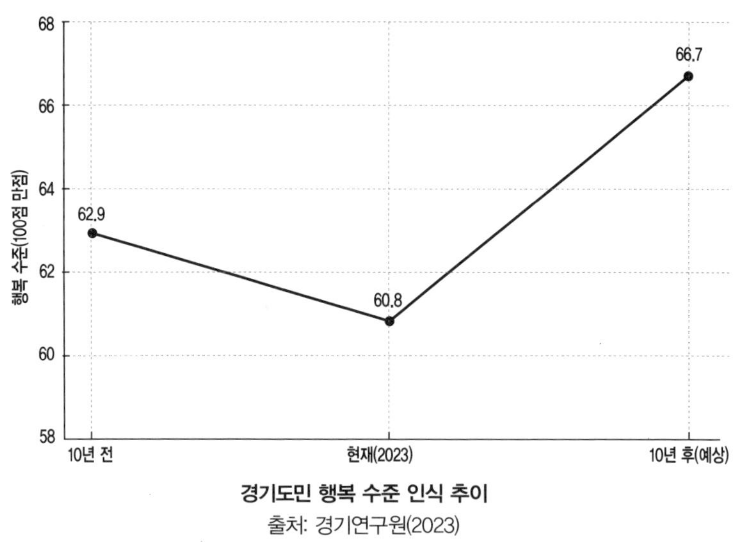

경기도민 행복 수준 인식 추이
출처: 경기연구원(2023)

시의 프리미엄에 가려 활력을 잃는다. 출퇴근 혼잡은 아직 끝나지 않았고, 학교와 의료에 대한 수요는 예측을 앞질러 불쑥 치솟았다. 난개발의 후유증, 그린벨트와 생태 축을 둘러싼 갈등도 여전하다. 성장의 속도를 품질로 번역하는 능력이 도정의 성적표를 가를 것이다.

그럼에도 경기도의 지난 10년은 이동의 시간표를 다시 쓰고, 일자리 지도를 새로 그리며, 가족의 생활 반경을 넓힌 시간이었다. '서울이 중심, 경기도는 주변'이라는 관성이 느슨해졌고, '경기도에서 살고, 경기도에서 일하고, 경기도에서 여가를 보낸다'는 선택이 자연스러워졌다.

경기도는 수도권의 베드타운이 아니라 대한민국의 동력실이다. 반도체와 디지털, 물류와 관광이 만나는 접점에서 인구와 문화의 새로운 흐름을 매일 만든다.

1,300만의 삶이 오가는 이 플랫폼이 건강해야 대한민국이 버틴다. 앞으로의 시정은 더 섬세해져야 한다. 광역철도 개통과 신도시 입주, 산업 클러스터 완성과 동시에 구도심을 재생시키고 교육, 의료의 빈칸을 메워야 한다. '살기 좋아졌다'라는 한마디가 숫자보다 먼저 나올 때 경기도의 다음 10년은 지금보다 더 단단해진다.

지난 경기도지사의 정책과 공약이행률 분석하기

경기도지사의 공약을 들여다보면 사람마다 간판은 달라도 실제 이행의 성패는 몇 가지 같은 법칙을 따른다는 것을 알 수 있다. 도가 단독으로 통제할 수 있는 과제는 속도가 붙고, 중앙정부와 얽힌 광역 교통이나 대규모 개발은 시간이 늘어진다. 이 공통의 틀 위에 김문수, 남경필, 이재명, 김동연의 시간을 겹쳐 보면 지난 20년 경기도의 우선순위와 한계가 한눈에 들어온다.

김문수의 시간은 외연 확장과 기반 다지기로 기억한다. 수도권 팽창의 압력이 가장 거셌던 시기여서 교통과 산업 입지, 생활 인프라를 동시에 챙겨야 했다. 광역버스 확충과 간선 도로망 정비, 단계적 산업단지 조성 같은 과제는 비교적 분명한 결과를 냈다. 도가 주도해 예산과 일정, 인허가를 관리할 수 있었기 때문이다. 반면 광역철도와 수도권 규제 문제처럼 중앙정부와 맞물린 사안은 늘 협의의 벽을 만났다. 공약서에는 일정이 있었지만, 실무는 기획과 예비 타당성 조사, 국비 반영, 설계와 착공을 거치며 임기 너머로 미뤄졌다. 종합하면 생활 인프라와 기업 유치를 묶은 과제는 완료가 많이 쌓였고, 광역 교통과 대형 규제 완화는 진행 중 항목이 두텁게 남았다.

남경필의 시간에서는 거버넌스와 청년, 스타트업이란 키워드가 전면으로 올라왔다. 세월호 사건 이후 안전기준을 고치고, 도의 조직을 슬림하게 손보는 작업이 이어졌다. 광역 행정의 칸막이를 낮춰 시·군과 공동으로 프로젝트를 꾸리려는 시도도 많았다. 교통에서는 수도권 혼잡에 대한 체감을 개선하기 위해 버스 준공영제 보완, 광역 환승 편의, 노선 효율화 같은 디테일에 손을 댔다. 청년과 창업에서는 지원보다 연결에 방점을 찍었다. 도지사의 리더십 스타일이 협치형이라 갈등을 줄이는 데는 강점이 있었지만, 이슈 선점과 대형 의제의 돌파력에서는 아쉬움이 남았다는 평가가 공존한다.

이재명의 시간은 '체감 복지와 지역경제 활성화'로 선명하게 각인된다. 지역화폐 광역 확대, 청년 기본소득, 공공 배달앱 같은 생활형 정책이 짧은 시간에 성과를 냈다. 이 영역은 설계와 예산, 집행을 도가 통제할 수 있어서 이행이 빨랐다. 코로나19 팬데믹 국면에서 재난 기본소득을 과감하게 집행하며 정책의 존재감을 전국 단위로 끌어올린 것도 특징이다. 산업 정책에서는 반도체·바이오 중심의 전략 산업에 인프라와 인재 양성 패키지를 붙이는 방식으로 접근했다. 복지와 소상공인, 지역경제의 묶음에서는 완료 비중이 높았고, 광역 교통과 주거 구조에 대한 해법에서는 '진행 중'이 두꺼웠다. 메시지와 속도, 체감의 조합이 선거 지형을 흔드는 데는 탁월했지만, 장기 과제의 완결성은 제도와 시간의 벽을 넘지 못했다는 것이 공통된 관측이다.

김동연의 시간은 아직 진행형이다. 기조는 '초광역 산업 전략과 생활 품질의 균형'에 가깝다. 반도체 초격차를 위한 용인·평택·화성 축의 인프라, 소재·장비 기업에 대한 직접 지원, 반도체 인재 양성을 위한 학교와의 연계 같은 과제가 초반부터 배치됐다. 북부의 상대적 박탈감을 해소하겠다며 경기북부특별자치도 추진을 전면에 올린 것도 상징적이다. 산업과 교통의 장기 과제는 착공·협약·예산 확보를 완료해도 체감하기까지 시간이 걸리므로, 임기 말의 지표가 나와야 평판이 정리될 것이다.

네 사람을 한 테이블에 앉혀 비교하면 경기도 공약의 성패를 가르는 변수들이 재확인된다. 외부 의존도가 낮은 과제, 이를테면 조직 혁신과 복지 서비스, 지역경제의 촘촘한 연결은 높은 이행률로 귀결된다. 중앙정부와 협의가 필요한 광역철도 및 도로, 대규모 주거·산업단지는 일정과 비용, 환경·교통영향평가 등 절차에서 지연되는 경우가 잦다. 이해관계자의 폭이 넓은 개발 과제는 공청회와 보완 설계, 보상 과정에서 자연스럽게 '진행 중'이 늘어난다.

따라서 공약 설계 단계에서 통제 가능성과 외부 의존도를 구분해 지표를 다르게 세우는 것이 정직한 보고서의 출발점이 된다. 완료의 기준을 운영 개시로 둘지, 준공으로 둘지, 사용자 체감 지표까지 포함할지의 정의도 임기 초에 분명히 해야 한다.

경기도라는 초대형 광역단체는 누구에게나 성과와 한계를 동시에 남긴다. 김문수는 성장의 속도를 올려 '기반을 닦았다'라는 평가를 받았고, 남경필은 거버넌스와 청년, 스타트업에서 '새 언어'를 만들려 했다. 이재명은 복지와 지역경제에서 '체감'을 앞세워 전국적 주목을 받았고, 김동연은 산업 초격차와 균형 발전을 '동시에' 잡겠다고 선언했다.

앞으로의 평가는 두 가지에 달려 있다. 생활의 변화가 얼마나 촘촘히 확인되는지, 장기 과제의 매듭을 어디까지 묶는지다. 경기도의 표는 결국 시간을 줄이고, 위험을 낮추고, 기회를 넓힌 쪽으로 움직인다. 네 사람의 공약이 어디에서 그 답을 냈는지, 또 어디에서 멈췄는지를 차분히 복기하면 다음 선택의 기준이 자연스럽게 선다.

경기도에 필요한 정책 알아보기

경기는 거대한 생활권이라 한다. 서울을 감싸고 있지만 주변이 아니다. 반도체와 물류, 신도시와 구도심, 접경과 농촌이 한 지도 안에서 부딪힌다.

그래서 정책은 거대와 미세를 함께 다뤄야 한다. 앞에서 서울을 생활 장면으로 쪼갰듯이, 이번에도 숨이 트이는 순서로 정리한다.

먼저 이동이다. 경기도 교통의 병목은 환승 거점과 광역 통근의 피로에서 시작한다. GTX 공사는 예정대로 밀고 가되, 사람들의 체감은 환승 품질에서 나온다는 점을 염두에 둬야 한다. 역사 내 동선과 표지, 계단과 엘리베이터 배치, 버스 환승장의 혼잡 관리부터 바로잡는다. 도심 버스는 배차 간격의 신뢰가 핵심이니 준법 배차를 지키도록 회차 시간을 현실화하고, 신호 우선권을 노선별로 조정한다. 신도시와 역세권, 산업단지와 주거지를 묶는 연결로를 먼저 메우고 속도를 논하면 된다.

주거는 두 갈래를 같이 잡아야 한다. 공급의 속도와 품질의 기준이다. 3기 신도시는 주거와 자족 기능, 보행과 돌봄을 한 묶음으로 설계한 약속이니, 학교와 보건소, 도서관과 공원 같은 생활 인프라에 선투입한다는 원칙을 지켜야 한다.

일자리는 경기가 가장 잘할 수 있는 분야다. 용인과 평택, 화성과 수원을 잇는 반도체 벨트는 국가 동력의 심장이다. 여기에서 성과를 더 내려면 초미세 인프라와 사람의 문제를 동시에 풀어야 한다. 전력과 용수, 배출 규제의 예측 가능성을 높이고, 소재·장비·설계 기업이 들어올 공간을 미리 묶는다. 대학의 공동 학과, 도가 지원하는 현장형 석사·학사 트랙을 늘려 산업이 원하는 인재를 제때 공급한다. 북부와 서부에는 방산·로봇·바이오·친환경 모빌리티 같은 특화 축을 세워 균형을 맞춘다.

균형 발전은 경기가 반드시 풀어야 할 숙제다. 남부의 속도가 전체를 끌어올리지만, 북부와 동부가 소외감을 느끼면 도정에 대한 신뢰가 흔들린다.

접경의 규제와 산업 전환, 교육·의료 인프라의 빈틈을 메우기 위해 재정의 우선순위를 과감히 조정한다. 산업단지와 물류센터의 입지 결정은 교통과 환경 용량을 전제로 해야 하고, 그 보완책을 예산에 먼저 묶는다.

관광은 생태와 문화, 농촌과 도시를 잇는 동선으로 설계하면 방문객의 체류 시간이 늘어난다. 한탄강과 임진강, 남한강과 팔당, 광릉숲과 유네스코 생물권보전지역의 가치가 '하루 코스'로 엮일 때 지역 소득이 남는다.

결국 경기에 필요한 정책은 거창한 구호보다 생활의 순서를 바로잡는 데서 나온다. 이제 필요한 것은 '빨리'와 '바르게'를 함께 붙잡는 감각이다. 그 감각으로 한두 계절만 밀어붙이면 시민의 하루가 먼저 반응한다. 표는 그 반응을 따라 움직인다.

경기도지사에 어떤 사람이 출마할까

경기도지사 선거판을 들여다보면 중앙 정치의 파도와 생활 정치의 물살이 한강 합수부처럼 뒤엉킨다. 반도체와 물류, 신도시와 구도심, 접경과 농촌이 한 화면에 올라오니, 후보의 말과 이력은 곧바로 통근 시간과 교육, 주거와 돌봄의 체감으로 번역된다.

거론되는 네 사람인 김동연, 김은혜, 원유철, 추미애가 실제로 출마선에 서면 어떤 얼굴을 하고 들어올지 차분히 그려본다. 누구든 표의 심장을 얻으려면 시간을 줄이고 위험을 낮추고 기회를 넓힌다는 세 문장을 생활의 언어로 증명해야 한다.

먼저 현역의 무게부터 짚는다. 김동연 경기도지사는 산업 전략과 생활 품질을 한 그릇에 담아내려 하는 스타일이다. 경제 관료로 단련된 숫자 감각과 일정 관리가 강점이다. 반도체 초격차, 용인과 평택, 화성과 수원으로 이어지는 제조 벨트의 인프라, 대학과 기업을 잇는 인재 트랙을 추진해온 흐름이 분명하다. 당과의 거리 두기가 강점이 될 때도 있지만, 전국 구도에서 고립된 것처럼 읽히는 장면이 나오면 결집의 탄력이 떨어진다. 결국 재선 싸움은 큰 그림을 아느냐가 아니라 오늘 무엇이 편해졌느냐로 판정 난다. 그 질문에 숫자와 일정, 책임 주체로 답하는 손재주가 관건이다.

김은혜 국민의힘 의원이 들어오면 선거의 톤이 바뀐다. 메시지의 응집력과 기동성이 돋보인다. 방송과 소통의 경험이 길어 복잡한 이슈를 짧은 문장으로 묶는 솜씨가 있다. 국민의힘 후보가 경기도에서 이기려면 남부 제조 벨트의 경제 감수성과 북부 동부의 생활 불편을 같은 문장에 담아야 한다. 김은혜가 내놓을 수 있는 카드는 주거와 교통의 속도, 가족과 돌봄의 안정, 기업 유치와 규제 개선을 묶은 실행 패키지다. 강점은 프레임 선점과 빠른 반격이다. 위기 국면에서 리듬이 끊기지 않는다. 취약한 곳은 행정 장악력에 대한 증명이다. 당내 경선의 상처를 최소화하고 외연 확장의 그림을 제시하는 것도 시험대다.

원유철 전 국회의원이 등판하면 구도는 더 입체적으로 보인다. 경기 서북부에서 잔뼈가 굵었고, 국회와 당의 네트워크가 두텁다. 접경 지역의 군사와 환경 규제, 미군 공여지 개발, 서북권 대형 주거 교통 프로젝트를 통해 산전수전을 오래 겪은 경험은 북부 표심을 다지는 데 강점으로 작동한다. 의회 정치에서 키운 조정력도 장점이다. 문제는 미래에 대한 언어다. 판교와 광교, 동탄의 신도시 세대, 젊은 전문직과 창업층에게 과거의 네트워크는 오히려 올드하게 읽힌다. 당내 세대교체의 바람까지 감안하면 본선 이전의 관문이 만만하지 않다.

추미애 더불어민주당 의원이 이름을 올리면 선거는 선명한 이념 축을 갖는다. 법무부 장관 경험과 강한 개혁 이미지는 공정과 정의의 프레임을 자연스레 소환한다. 이 프레임이 경기도에서 힘을 내려면 생활로 내려앉아야 한다. 플랫폼 노동의 안전망 강화, 청년 교육의 불평등 완화, 세입자 권리 강화, 공공의료와 응급의료에 대한 접근성 확대 같은 의제가 앞줄에 설 가능성이 크다. 장점은 결집력이다. 반면 확장성의 벽이 늘 문제다. 이념의 온도가 올라갈수록 중도층과 남부 제조 벨트의 경제 감수성이 멀어진다. 현직과의 관계 정리, 경선 후유증 관리 역시 본선 체력에 직결된다.

이 네 사람을 경기도 지도 위에 겹치면 권역별 전략이 환히 드러난다. 김동연은 큰 판을 설계하고 운영 지표로 증명하는 데 강하다. 북부의 균형과 산업 초격차의 투 트랙을 밀어붙일 수 있다. 대신 정치적 고립의 그림자, 생활 언어의 부족이 약점으로 되돌아올 수 있다. 김은혜는 메시지와 기동력이 뛰어나고, 중도층의 피로를 줄이는 응집력이 있다. 그러나 광역 행정의 무게를 초반에 어떻게 증명할지가 관건이다. 원유철은 북부 이슈와 의회 조정력이 두드러진다. 반대로 세대와 산업의 언어를 미래로 갈아 끼우지 못하면 외연이 막힌다. 추미애는 강력한 프레임과 결집의 힘을 지녔다. 다만 확장성의 경계와 생활 설계의 디테일을 넘지 못하면 중앙 이슈의 반사열만 남는다.

대통령 프리미엄이 가장 강한 경기도

경기도에서 사랑받으면 전국에서 통한다. 서울이 스포트라이트를 독점하는 무대라면, 경기는 박수와 야유가 동시에 들리는 야외 공연장에 가깝다.

1,300만을 넘는 도민은 같은 시간표로 움직이지 않는다. 반도체와 물류의 속도를 좇는 남부, 접경과 산지를 품은 북부 및 동부, 공단과 항만이 버티는 서부가 서로 다른 요구를 쏟아낸다. 이 서로 다른 리듬에 보조를 맞추는 사람은 자연스레 전국 무대에서 안정감을 준다. 그래서 '대통령 프리미엄'은 경기에서 가장 강하게 작동한다는 말이 나온다.

서울시장도 물론 대권의 '상징'으로 불린다. 반면 경기는 상징이 아니라 '운영'으로 평가받는다. 이재명 당시 성남시장과 경기도지사가 전국급 정치인으로 도약한 궤적도 같은 맥락에서 설명할 수 있다. 도시 재정의 건전성, 생활형 복지, 지역화폐와 재난 지원 같은 실험이 '지금 내 삶이 조금 편해졌나'라는 질문에 곧바로 답했다. 경기도라는 거대한 무대에서 체감되는 언어를 계속 생산하니 전국적 주목도가 따라붙었다. 도민의 박수가 전국의 관객을 끌어당긴 셈이다. 경기에서 작동한 정책이 다른 광역단체의 표준이 되고 중앙정부 의제로까지 올라간 순간마다 '대통령으로 가는 길'이 짧아졌다.

왜 하필 경기냐는 질문에는 구조가 답한다. 첫째, 규모다. 예산과 조직, 산업의 몸집이 웬만한 국가와 맞먹는다. 반도체와 자동차, 물류와 관광이 한 도 안에 얽혀 있어 경제 리더십의 전천후 시험장이 된다.

둘째, 다양성이다. 신도시의 젊은 가족과 구도심의 자영업, 다문화 가구와 외국인 노동자, 농업과 접경의 특수성이 뒤섞인 인구구조가 '전국 평균'에 가장 가깝다. 여기서 통하면 어느 권역에서도 통한다.

셋째, 경합성이다. 특정 정당이 상시 독점하기 어려운 지형이라 중도와 무당층의 민감한 반응을 매일 확인할 수 있다. 대통령 선거가 가까워질수록 이 경합의 데이터가 대세를 판단하는 근거가 된다.

물론 프리미엄에는 그림자도 있다. 경기는 성공이 빨리 보이는 만큼 실패도 크게 보인다. 통근 지옥이 개선되지 않거나, 주거와 돌봄의 공백이 길어지거나, 개발의 부작용을 방치하면 표심이 차갑게 돌아선다. 남부와 북부의 격차를 줄이지 못하면 '한쪽만 챙긴다'라는 낙인이 찍힌다. 그래서 경기의 리더는 속도와 품질, 상징과 운영을 동시에 다뤄야 한다. 이 균형을 잃는 순간 '대통령 프리미엄'은 순식간에 '역풍'으로 바뀐다.

결국 핵심은 체감이다. 민심을 사는 장면을 임기 내내 꾸준히 만들면 '국가 단위에서도 해낼 사람'이라는 신뢰가 쌓인다. 경기도지사가 대통령으로 향하는 지름길처럼 보이는 이유다.

경기가 주목할 지역, 수원시

수원은 경기도청이 자리한 행정의 심장이고, 생활권으로는 화성과 오산, 용인과 촘촘히 맞물린다. 반도체와 자동차, 배후 연구단지가 얽혀 산업의 결이 다르고, 정조의 도시라는 문화 정체성까지 겹친다. 이런 도시가 광역시가 아닌 특례시로 올라섰다는 건 문자 하나 바뀐 일이 아니다. 권한과 책임, 예산과 조직, 이웃 도시와 연합하는 방식이 달라진다. 그래서 경기도에서 수원특례시라는 이름에는 행정 실험의 의미가 진하게 묻어난다.

특례시는 일종의 '광역시 준회원' 같은 지위라 한다. 인구와 기능, 생활권의 규모를 근거로 중앙정부가 기초자치단체에 광역에 준하는 권한을 나눠주었다. 허가와 인허가, 도시계획·건축·교통의 일부 권한을 시청에서 바로 틀 수 있어 절차가 짧아지고 의사 결정의 반응 속도가 빨라진다. 공공보건과 사회복지, 아동·노인·장애 영역에서도 시 단위에서 자율적으로 설계할 수 있는 폭이 넓어진다. 요는 '도청을 거치지 않고' 생활의 돌발 상황을 더 빠르게 다룰 수 있다는 것이다. 당연히 책임도 커진다. 복지 급여의 매칭, 도시 기반 유지관리 비용, 인력의 전문성 같은 과제가 함께 늘어난다. 권한과 책임의 저울을 수원이 스스로 맞춰야 한다는 뜻이다.

광역시가 아닌 특례시라는 선택은 경기도라는 공동체의 구조와도 관련이 깊다. 수원이 광역시로 분리됐다면 도는 행정과 재정의 핵을 잃었을 것이다. 도청과 도의회, 도 산하기관 상당수가 수원과 주변에 모여 있고, 경기도의 서비스 체계가 이 축을 중심으로 돌아간다. 특례시 모델은 '도와 시의 동거'를 전제로 한다. 도의 거대한 인프라와 정책을 유지하면서, 수원은 기초 단위의 재빠른 손놀림을 챙긴다. 경기도 입장에서는 남부·서부·북부 전체의 균형을 해치지 않고 중심 도시의 속도를 살리는 절충안이고, 수원 입장에서는 광역 분리의 비용과 정치적 충돌을 피하면서도 '몸집에 맞는 권한'을 가져오는 길이라 본다.

수원은 혼자서 힘을 내지 않는다. 수원과 화성, 오산을 잇는 삼각 생활권은 경기도 남부의 표준 생활권이라 부를 만하다. 삼성전자 본사의 디지털시티가 수원에, 생산 라인의 심장이 화성, 기흥, 평택에 자리해 출퇴근과 물류의 리듬이 서로 연결된다. 따라서 광역버스와 환승 센터, 산업도로와 생활도로, 물류와 보행의 우선순위를 함께 짤 때 시너지가 난다. 실제로 세 도시가 함께 나선 교통 혼잡 구간 해소나 광역 환승 편의 개선, 산업단지 진·출입로 확충 같은 과제는 단독으로 할 때보다 훨씬 빠르게 효과를 낸다.

공공의료도 예외가 아니다. 외상·심뇌혈관·소아응급 같은 취약 영역은 단일 시의 노력만으로는 24시간 체계를 만들기 어렵다. 수원이 중심 병원과 교육 플랫폼을 잡고 화성과 오산이 생활 응급과 응급 이송을 촘촘히 받쳐주는 식의 '권역형 설계'가 현실적이다.

용인특례시와의 교차점도 크다. 반도체 밸류 체인이 수원-용인-화성으로 이어지는 만큼 전력, 용수, 교통, 주거가 동 시간대에 풀려야 한다. 수원은 연구·본사 기능과 비즈니스 서비스, 문화·교육 인프라의 중심으로, 용인은 대규모 제조·연구 클러스터 확장과 주거 수용, 화성은 생산과 물류의 허브로 역할을 나눠 잡으면 전체 파이가 커진다. 특례시 간 협약으로 신도시 입주 타임라인과 광역철도, BRT, 환승 센터의 개통·운영 모델을 맞춰놓으면 '회사 시간표와 도시 시간표가 따로 노는' 불편이 줄어든다. 경쟁이 아니라 분업과 연합의 관점에서 접근할 때 특례시의 의미가 경제로 번역된다.

정치의 눈으로 보면 수원은 경기도 정치를 가늠하는 체온계에 가깝다. 오랜 기간 더불어민주당에 대한 콘크리트에 가까운 지지가 힘을 냈고, 도청 소재지라는 상징성까지 겹치며 야권의 핵심 거점으로 읽혔다. 그런데 최근 몇 년간 보수세의 복원력이 눈에 띄게 올라와 판이 다층적으로 흔들린다.

대선과 총선의 바람이 강할 때는 여야가 동반 상승이나 동반 침체를 보이지만, 지방선거는 생활의 시험을 먼저 치기 때문에 결과는 끝까지 모른다.

이 점에서 수원시장 선거는 교과서처럼 단순해 보이면서도 실제로는 어렵다. 권한은 늘었지만 돈이 자동으로 늘지는 않는다. 복지와 안전, 기반 유지에 드는 비용이 커지는 만큼 세입의 구조와 채무 관리, 투자 우선순위를 투명하게 공개하고 시민과 함께 선택해야 한다. 수원은 이미 데이터 기반 행정을 쌓아온 도시다. 이동과 안전, 환경과 예산, 복지와 돌봄의 지표를 이해하기 쉬운 문장으로 풀이해주면 협력이 붙는다. 정책의 성패는 비밀이 아니라 설명에서 갈린다. 설명이 충분하고 결과가 따라오면 표는 움직인다.

정리하면 수원특례시는 경기도의 현재와 미래가 교차하는 무대다. 광역 분리 없이도 속도를 낼 수 있는지, 권한 확대와 책임 확대의 균형을 잡을 수 있는지, 이웃 도시와 연합하여 생활의 효율을 끌어올릴 수 있는지 시험한다. 정치적으론 더불어민주당이 우세했던 기억과 보수의 복원력이 거세게 맞부딪히는 지역이다. 마지막 순간까지 결과를 장담하기 어렵다. 그래서 더 흥미롭다. 수원은 경기도의 중심이면서 경기도의 축소판이다. 여기서 통하면 도 전체가 따라온다. 다음 선거에서 수원시장의 손놀림이 곧 경기도의 리듬을 바꿀 것이다. 표는 결국 생활의 편안함으로 모인다. 특례시라는 새옷이 진짜 옷이 되느냐는 수원시장이 증명한다.

선거구를 고치면 정치의 습관이 달라진다. 룰이 바뀌면 선수의 움직임이 달라지고, 관중의 시선도 옮겨간다. 지방선거의 판도 마찬가지다. 소선거구냐 중·대선거구냐는 단순한 기술적 선택이 아니라, 어떤 사람을 의회로 보내고 어떤 목소리를 정책으로 올릴지 정하는 제도 설계다.

소선거구는 한 지역에서 한 사람만 뽑는다. 가장 많은 표를 받은 후보가 전부 가져가는 방식이라서 결과가 또렷하다. 유권자는 두세 명의 유력 주자 중 하나를 골라야 하고, 후보는 끝까지 외연 확장 경쟁을 벌인다. 장점이 분명하다. 책임 정치가 쉬워진다. 해당 지역에 문제가 생기면 연락할 사람이 딱 한 명이고, 다음 선거 때 성적표를 내밀기도 간단하다. 후보의 이름값과 현장 민원 해결 능력이 표심을 정면으로 흔들어, 당 간판만으로 버티기는 어렵다는 얘기도 따라붙는다. 행정과 의정의 연결이 깔끔하다는 평가 등은 이런 맥락에서 나온다.

단점도 만만치 않다. 승자독식의 그림자가 길다. 전체 득표의 절반을 못 넘겼는데도 1등이면 의석을 가져가는 구조 탓에, 지역의 다양한 성향이 의석에 반영되지 못한다. 거대 정당의 간판이 강할수록 소수 정당과 신인의 진입 장벽은 더 높아진다. 여성·청년·장애인 같은 저대표 집단의 의회 진입이 줄어드는 현상도 흔하다. 선거구가 넓고 후보에 대한 정보가 부족할수록 결국 '익숙한 얼굴'이 유리해진다. 소수 의견이 표로는 존재하지만 의사결정의 테이블에는 비어 있는 상황이 반복되면 의회 토론이 단조로워지고 견제가 약해진다.

중·대선거구는 한 지역에서 둘 또는 셋, 때로 넷을 뽑는다. 우리나라 지방의회 지역구는 대개 2인이나 3인 구조에 1인 1표로 상위 득표자부터 당선시키는 방식이 흔하다. 체감 변화는 생각보다 크다. 유권자 입장에선 '내 표가 사라질 확률'이 낮아진다. 특정 정당이 강한 지역이라도 다른 정당이나 무소속이 한자리를 파고들 여지가 생긴다. 결과적으로 다양한 조합이 만들어지고, 의회 안에서 한 가지 색만 울리지 않는다. 지역 현안을 놓고도 이견이 자연스레 충돌하니, 토론의 깊이가 살아나고 행정 견제가 탄력을 받는다. 선거가 '0 대 1'의 싸움에서 '여러 명이 자리를 나눠 앉는' 설계로 바뀌면 유권자의 대표감도 높아진다.

중·대선거구가 열어주는 또 하나의 문은 인적 다양성이다. 여성과 청년, 생활 현장의 전문가가 '두 번째 표심'에 기대 의회로 들어올 가능성이 커진다. 같은 동네에서 업종과 세대가 다른 두세 명을 동시에 뽑을 수 있으니 생활 의제의 스펙트럼이 넓어진다. 의회 구성의 다양성은 곧 정책의 상상력 확대로 이어진다. 교통과 복지, 환경과 재정 같은 상임위에서 서로 다른 언어가 만나야 논의가 깊어진다. 지역의 '평균'만 보지 않고 '변두리'를 보게 만드는 장치가 바로 다인 선출제다.

물론 단점이 없지 않다. 2인 선거구처럼 작게 설계하면 거대 양당이 한 자리씩 나눠 갖는 관성이 굳어지기 쉽다. 공천만 받으면 반은 먹고 들어간다는 체념이 생기면, 후보의 준비성과 성실함을 가르는 경쟁이 약해진다. 정당은 득표를 효율적으로 쪼개는 '표 관리'에 매달리고, 유권자는 명단을 보는 투표로 흘러간다. 3인 이상으로 넓히지 않으면 '다양성에 대한 약속'이 반만 이행되는 셈이다. 또 하나, 다인 선거구에서 후보 수가 많아지면 유권자가 정보들에서 느끼는 피로가 커진다. 누구의 공약이 누구의 것인지 헷갈리기 쉽고, 실명 검증이 허술해지면 인기·구호·조직전이 지배할 수 있다. 그래서 중·대선거구는 제도만으로 완성되지 않는다. 정보의 투명성과 공천의 품질, 토론의 밀도가 함께 받쳐줘야 효과가 난다.

정당 경쟁의 풍경도 달라진다. 소선거구에선 상대를 제압해야 이기지만, 중·대선거구에선 경쟁과 공존을 동시에 설계해야 한다. 같은 정당 후보끼리도 과잉 경쟁을 피하고 표 분산을 관리해야 한다. 그 과정에서 내부 민주주의의 민낯이 드러난다. 공천이 공정하고 설명 가능한가, 여성·청년·전문가 몫을 실질적으로 보장하는가, 이해 충돌과 도덕성 검증을 엄격히 거치는가. 다인 선거구의 장점이 '다양한 사람의 동시 진출'이라면, 공천도 그 철학을 닮아야 한다. 반대로 줄 세우기와 전략 공천이 반복되면, 제도가 약속한 다양성은 종이 위에서만 남는다.

정책 품질의 측면도 비교할 수 있다. 소선거구는 책임이 날카롭게 몰린다. 한 명이 모든 민원을 떠안고, 성과도 실패도 온전히 그 사람의 몫이 된다. 민원 해결과 현장 대응에서 민첩함이 생기는 반면, 장기 어젠다와 구조 개선은 밀리기 쉽다. 중·대선거구는 역할 분담이 가능하다. 주민 민원을 촘촘히 받는 사람, 예산과 감사를 깊게 파는 사람, 중장기 계획을 설계하는 사람이 한 팀처럼 움직이면 의회가 '속도와 품질'을 동시에 잡는다.

나는 지방선거에서 중·대선거구의 손을 들어준다. 지방의회가 생활의 국회라면, 생활은 하나의 목소리로 설명되지 않는다. 노년과 청년, 자영업과 노동, 도심과 외곽, 환경과 개발의 이익이 매일 충돌한다. 이 충돌을 한 명의 대표에게 모두 맡기는 설계보다, 여러 사람이 서로 다른 눈으로 동시에 보게 하는 설계가 현실에 더 가깝다. 다인 선거구는 '진입 장벽을 낮추는 문'을 열고, 그 문을 통해 들어온 다양성이 토론의 품질을 끌어올린다. 보수와 진보의 고정색이 강한 지역에서도 '한 줄기 다른 색'이 의석으로 올라와 지역사회의 안전판이 되어준다. 소수 정당과 무소속이 의제 경쟁을 만들고 거대 정당에도 긴장을 주는 구조가 민주주의의 체력을 키운다.

다만 전제가 있다. 2인에 머무르면 양당 독식의 습관이 굳는다. 가능하면 3인 이상으로 넓히고, 권역마다 인구와 생활권을 반영해 선거구를 유연하게 조정해야 한다. 유권자 정보 플랫폼과 후보 토론의 밀도를 높여 '정보의 격차'를 줄이는 노력도 필수다. 공천은 다양성을 전제로 설계하고, 의회는 분기별 성과를 보고하여 책임을 분명히 해야 한다. 제도의 장점을 현실로 번역하는 일은 결국 운영의 성실함에 달려 있다.

PART 4

제2의 도시, 부산

한국 경제가 숨을 몰아쉴 때 이 도시는 늘 바다 쪽으로 창문을 연다. 항만과 조선, 자동차와 석유화학, 관광과 영화가 한데 얽혀 하루를 만든다.

부산의 첫 얼굴은 항만이다. 배가 들어오고 나가는 속도가 곧 도시의 맥박이라 한다. 자동화 하역과 복합 물류 시스템이 성숙해지면서 컨테이너가 부두를 오래 붙잡지 않게 됐다. 배후 단지와 공항, 철도가 한 화면으로 이어질 때 물류는 성질이 달라진다. 가까운 미래의 공항 확충과 신항·북항 재개발이 제자리를 잡으면, 항만은 단순 환적을 넘어 고부가가치 전진기지로 격이 올라간다. 이 흐름을 놓치지 않는 도시만이 다음 물류 전쟁에서 숨을 덜 헐떡인다.

두 번째 얼굴은 산업의 변신이다. 조선과 자동차, 석유화학의 파고를 버틴 뒤 남는 질문은 결국 사람과 기술이다. 고부가가치 선박과 친환경 연료, 스마트 물류와 해양 에너지, 의료·바이오와 관광 콘텐츠가 새로운 축으로 자리를 잡아야 한다. 대학과 연구기관, 산업단지가 따로 걷지 않고 프로젝트 단위로 묶여야 한다. 부산이 이 부분에서 속도를 내면 울산과 경남이 바로 반응한다. 이른바 부울경의 동맹은 구호가 아니라 공급망의 설계도에서 빛을 본다. 한 도시가 주문을 따 오면 옆 도시가 설계를 돕고, 다른 도시가 제작을 잇는다. 이 연결이 살아 있으면 경기의 골은 얕아진다.

세 번째 얼굴은 도시 자체다. 남포·중구와 영도, 서면과 해운대, 수영과 기장이 서로 다른 시간을 산다. 북항의 물류 기능이 비워진 자리를 사람의 보행과 문화의 동선으로 채우는 실험이 진행 중이다. 항만도시를 재개발하려면 바다를 시민에게 돌려주면서도 항만 경쟁력을 잃지 않는 길을 찾아야 한다. 산복도로의 오래된 마을과 언덕길, 노후 주거지의 안전과 생계 문제

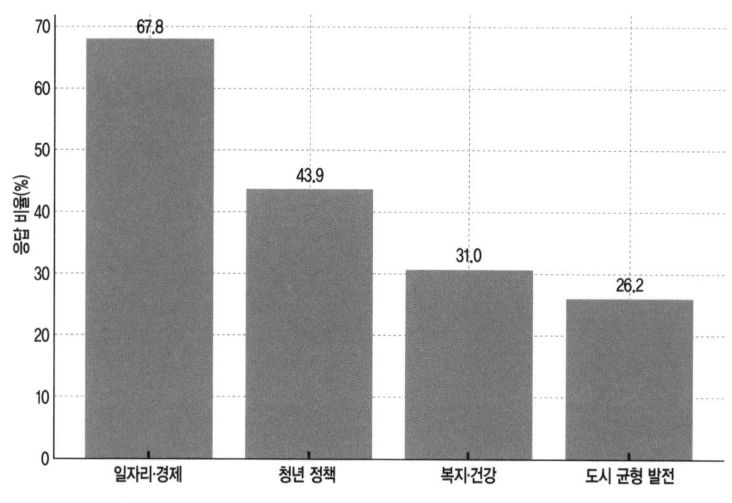

부산 시민이 꼽은 중점 추진 분야(2025년)
출처: 2024년 4분기 부산시 정기 여론조사

는 그 실험의 반대편에 있다. 한쪽에서는 세계 도시가 부러워하는 워터프런트를 만들고, 다른 쪽에서는 계단과 경사로, 골목의 조도를 바꾸는 생활 공사가 하루를 지탱한다. 부산은 이 두 장면을 동시에 붙잡아야 체면과 체감이 함께 산다.

교통은 부산의 고질과 희망을 함께 보여준다. 도시철도와 급행버스, 환승 센터의 결은 제법 단단해졌다. 하지만 출퇴근 시간대의 병목과 동서 이동에서 느끼는 피로는 여전하다. 바닷바람이 세차게 부는 날 고가도로 위 서행 행렬을 보면 이 도시가 왜 더 촘촘한 대중교통 네트워크를 원했는지 바로 이해된다. 환승 품질을 높이고, 생활권 간 급행 축을 늘리고, 보행과 자전거의 안전 구간을 이어놓으면 체감이 금세 변한다. 관광도 교통 위에서 자란다. 기장과 해운대, 수영만과 광안리, 남포와 영도, 송도와 다대포를 하루 코스로 잇는 쉬운 동선을 만들면 체류 시간이 늘어난다. 밤의 안전과 소음, 주차와 위생의 기준을 분명히 하면 상권의 품질도 따라 오른다.

인구와 일상의 풍경은 조금 더 정직하다. 청년층 유출을 붙잡으려면 일자리와 주거, 문화의 삼박자가 맞아야 한다. 바다와 영화제만으로는 부족하다. 스타트업의 생애 주기를 고려한 값싼 공간과 공용 장비, 규제 안내를 제공하는 원스톱 창구가 실력이다. 공공 조달에 신생 기업이 발 들일 수 있는 작은 사다리를 더 놓아야 한다.

문화와 관광은 부산의 특기다. 해변과 축제, 영화와 음악은 도시의 얼굴을 환하게 만든다. 다만 축제의 반짝임이 끝나고 나면 남는 것은 공간과 사람이다. 외국인 관광객이 늘수록 표지판, 결제, 와이파이, 화장실 같은 기본 친절이 체류 시간을 늘린다. 한 번 오게 만드는 것보다 다시 오게 만드는 일이 더 어렵다. 부산은 그 어려운 과제를 잘해낼 잠재력이 있다.

부산은 바다로 먹고사는 도시가 맞다. 그런데 이제는 바다만 바라보지 않는다. 항만의 속도와 도시의 품격, 산업의 전환과 사람의 일상, 축제의 반짝임과 골목의 안정이 동시에 굴러가야 한다. 이 균형을 잡으면 부산은 남부 경제권의 진짜 리더가 된다. 바람은 바다에서 불어오지만, 표는 생활에서 나온다. 부산을 바꾸는 일도 같은 법칙을 따른다. 시간을 줄이고, 위험을 낮추고, 기회를 넓히는 도시. 그런 부산을 만들겠다는 손이 진짜라면, 유권자는 그 손을 잡는다.

지난 부산시장의 정책과 공약이행률 분석하기

부산시장의 공약을 뜯어보면 간판이 달라도 성패의 법칙은 비슷하다. 시가 단독으로 설계하고 집행할 수 있는 생활형 과제는 속도가 붙고, 항만 재개발이나 공항 같은 초대형 의제는 중앙정부와 절차를 공유해야 해서 시간이 늘어진다. 서병수, 오거돈, 박형준 세 시장의 시간을 이 잣대로 겹쳐보면 지난 10년 부산의 우선순위와 빈틈이 선명하게 드러난다.

먼저 서병수의 시간은 기초 체력 다지기와 미래 먹거리 모색이 함께 갔다고 본다. 당시 부산은 북항 재개발의 설계가 자주 바뀌고 원도심의 활력이 꺼진 채 항만 기능과 도시 기능이 서로 등을 지고 있었다. 서병수 시정은 북항 1단계 재개발의 마스터플랜을 정리하고, 원도심 재생 사업의 범위를 넓혀 도심 보행 축과 문화 거점을 잇는 작업을 밀어붙였다. 시가 직접 좌표를 찍고 예산과 절차를 통제할 수 있었던 골목 정비, 공공임대 리모델링, 생활 SOC 확충은 비교적 높은 이행률을 보였다. 반면 북항 2단계, 배후 부지 고도화, 항만과 철도, 공항을 잇는 광역 물류 축처럼 중앙정부와 얽힌 과제는 협의와 예비 타당성 조사, 환경·교통영향평가에 시간이 걸리며 '진행 중'이 두껍게 남았다.

오거돈의 시간은 방향성은 분명했지만 결말이 흐려졌다. 원도심 재생을 주민 참여 방식으로 심화하고, 북항과 도심을 다시 잇는 '바다의 귀환' 메시지, 공공 일자리와 도시 돌봄의 촘촘함을 강조한 공약들이 줄을 이었다. 도시철도 연장과 환승 품질 개선, 보행·자전거 안전 구간 확대 등 생활형 이동 정책도 현장 설계에 들어갔다. 이런 분야는 시가 직접 설계하고 운영할 수 있기에 빠르게 이행됐다. 문제는 초반에 높였던 기대를 임기 내내 유지할 시간적 여유를 확보하지 못한 데 있다. 항만, 공항, 대형 SOC와 연동되는 공약들은 중앙정부와의 공조가 필요했고, 그 사이 시정 공백이 길어지면서 다수 과제가 '착수' 혹은 '부분 이행'으로 멈췄다.

박형준의 시간은 속도와 상징의 결합으로 기억된다. 부산세계박람회 유치전, 북항과 도심 연결의 재설계, 가덕신공항 추진 지원, 바다와 산책로, 워터프런트의 체감 개선, 도심 순환 교통과 환승 품질 업그레이드가 주요 간판이었다. 이 가운데 환승 센터 혼잡 해소, 버스 준법 배차 강화, 보행 환경 정비, 관광 동선의 표지·안전기준 개선처럼 시가 단독으로 손댈 수 있는 과제는 이행률이 높게 쌓였다. 반면 엑스포 유치, 공항 건설, 북항 2단계 같은 거대 의제는 국가 결정과 국제 변수에 좌우됐다. 엑스포 도전은 도시 브랜드와 연합의 역량을 키웠다는 긍정적 평가를 받았지만, 결과가 빗나간 만큼 '성과 대비 비용' 논란이라는 숙제를 남겼다.

세 시장을 나란히 놓고 보면 패턴이 반복된다. 시정이 통제 가능한 범위를 정교하게 설계한 공약은 약속대로 구현됐고, 중앙정부와의 공조, 예산 배정, 법령 개정을 전제로 한 과제는 '진행 중'이 두터웠다. 이건 부산만의 문제가 아니다. 다만 부산은 항만·공항·철도·도심 재생이 얽힌 복합 도시라서 외부 의존형 공약의 비중이 다른 광역보다 높다. 그래서 공약 설계 단계부터 통제 가능성과 외부 의존도를 분리해 보고, 완료의 기준을 '착공'이아니라 '운영' 혹은 '체감 지표 개선'에 두는 정직한 문법이 필요하다.

정치의 관점에서 보면, 부산의 공약 이행률은 곧 정권과의 직결성, 중앙정부와의 협조도에 따라 출렁인다. 서병수 시절의 재정·도심형 과제, 오거돈 시절의 참여형 재생과 이동, 박형준 시절의 환승·관광·상징 사업이 비교적 성과를 냈던 이유가 여기에 있다. 반대로 북항, 공항, 대형 SOC는 어느 시기든 중앙정부의 도장을 기다려야 했고, 시정 공백이나 전국 정국의 소용돌이에 따라 추진력이 요동쳤다. 따라서 부산시장에게 중요한 역량은 거대한 약속의 크기가 아니라, 약속을 시간표와 책임 주체로 쪼개 시민이 볼 수 있도록 보여주는 힘이다.

부산에 필요한 정책 알아보기

부산의 정책은 늘 파도와 바람, 사람의 발걸음을 동시에 본다. 지나치게 거대한 구호보다는 생활의 순서를 바로잡는 설계가 먹힌다. 부산에 필요한 처방을 삶의 장면으로 풀어본다.

먼저 항만과 물류다. 이 도시는 배가 들어오고 나가는 속도로 먹고산다. 환적 한 번으로 끝내지 말고 고부가가치 전진기지로 올라서야 한다. 신항과 북항의 역할을 확실히 나누고, 배후 단지의 업종 믹스를 바꾼다. 단순 창고를 줄이고 콜드체인, 의약, 정밀 부품, 커스터마이징, 경량 조립 같은 부가가치 공정을 붙인다. 통관과 검역, 세관, 항만청, 시청의 창구를 한 화면에서 묶는 통합 플랫폼을 깔아 체선, 체화를 줄인다. 철도와 항만, 공항의 연계를 대형 포스터로만 떠들지 말고 화물 시간표부터 맞춘다. 어느 선석이 어느 시간대에 어떤 철도 슬롯과 연결되는지를 알고 기업이 미리 예약할 수 있어야 한다.

공항과 해양 비행의 새 판도 현실적으로 다룬다. 신공항의 윤곽이 잡힐수록 도심 접근 교통과 환승의 품질이 관건이다. 공항철도와 급행버스, 환승 센터의 수직·수평 동선을 미리 그려 넣고, 야간·심야 시간표를 보장해야 한다. 공항 개장 후에 덧대면 비용이 눈덩이처럼 불어난다. 공항 자체는 중앙 사안이라고 말만 하지 말고, 시가 맡을 수 있는 접근·환승·상업 구역의 운영 기준을 먼저 확정한다.

북항·원도심 재생은 모양새보다 품질이 먼저다. 바다를 시민에게 돌려준다면서 관광 노점과 소음, 쓰레기로 금세 피로하게 만들면 곤란하다. 산복도로의 오래된 마을은 경관 규제만 걸어두지 말고 난간·계단·리프트·소규모 리모델링을 꾸준히 지원한다. 원도심의 빈집과 공실을 공공임대와 창작 공간, 청년 사무실로 전환하는 프로그램을 도심별로 상시 가동한다.

교통은 환승 품질에서 체감이 난다. 도시철도의 혼잡 시간대를 줄이는 방법은 흔히 알고 있는 증편만이 아니다. 열차 도착과 버스 출발의 오차를 줄이고, 환승 통로의 병목을 없애고, 승강장 안내를 단순화하면 분 단위로 줄어든다. 동서 이동의 피로는 급행 축을 늘려 풀고, 해운대-수영만-센텀-서면-남포-영도-송도-다대포를 잇는 관광 순환 축은 낮과 밤 시간표를 분리해 운영한다. 심야에는 안전이 곧 이동권이다.

산업 전환에서는 사람과 장비를 동시에 본다. 조선과 자동차, 석유화학의 파고를 녹여내려면 고부가가치 선박, 친환경 연료, 해양 에너지, 스마트 물류, 의료, 바이오, 콘텐츠가 새 축이 되어야 한다. 대학, 연구소, 기업이 프로젝트 단위로 섞이게 만드는 게 관건이다. 공모 사업에 이름만 올리고 끝내지 말고, 공공 조달의 문을 활짝 열어 신생 기업이 소규모 납품부터 경험하게 한다.

　주거와 도시 품질은 바다 전망보다 기본에서 갈린다. 단열, 환기, 결로, 누수 같은 문제를 표준 점검으로 묶어 신축과 리모델링의 품질 기준을 높인다. 임대차 분쟁 조정에 대한 접근성을 높이고, 세입자 상담과 이사 정보, 공공임대·전환임대 안내를 한 창구로 묶는다. 재개발은 속도전이 아니다. 생활 SOC 선투입 원칙을 지켜 학교·보육·보건소·주차·공원 연결을 먼저 마무리하고 입주를 받는다. 젠트리피케이션 완화를 위해 임대 상가 구역과 상생하는 협약을 초기 설계에 넣는다.

　바다는 축복이지만 재난의 통로이기도 하다. 기후가 거칠어질수록 침수, 월파, 강풍의 위험이 커진다. 상습 침수 구역의 우수 저류 시설과 빗물 분산 설비, 노후 하수관 교체를 장마 전에 끝내는 일정 관리부터 확립한다. 해안가 월파 차단과 방파제 보강, 낙석·산사태 위험지의 사전 보강도 같은 결이다.

　어업과 어촌은 부산의 뿌리다. 항만 재개발과 관광 확대가 어업을 밀어내면 도시의 기억이 사라진다. 선단의 노후 장비 교체, 냉동·가공·직거래 품질 향상, 어항의 안전 정비를 묶고, 도시민이 어촌을 정기적으로 찾게 만드는 체험·유통 프로그램을 상시화한다. 어판장 현대화와 위생 기준 상향은 한 번에 끝내지 말고 단계적 업그레이드로 부담을 줄인다.

　교육과 청년의 시간표도 다시 맞춘다. 대학과 지역 기업이 함께 운영하는 코업, 현장 실습 자리를 늘리고, 졸업 전후 6개월을 잇는 트랙에 시가 교통과 주거를 지원한다. 창업은 화려한 데스크보다 규제 안내와 값싼 공간, 공용 장비가 중요하다. 원스톱 도우미가 사업자등록, 세무, 인허가의 길을 동행하면 실패 비용이 낮아지고 재도전이 쉬워진다. 청년 임대주택은 역세권 소형의 '품질'이 관건이다. 수납과 채광, 환기와 방음 같은 기본에서 신뢰를 쌓아야 청년층의 이탈이 줄어든다.

결국 부산에 필요한 정책은 바다와 도시, 산업과 사람, 축제와 골목을 한 문장으로 묶는 일이다. 항만은 속도를 올리고, 공항은 접근을 다듬고, 북항은 품질을 높이고, 교통은 환승을 정리하고, 산업은 프로젝트로 엮고, 관광은 기본 친절을 채우고, 주거는 품질 기준을 올리고, 안전은 장마 전에 준비하고, 어업은 뿌리를 돌본다. 이 순서만 지키면 체감은 금세 따라온다. 바람은 바다에서 불어오지만, 표는 생활에서 나온다. 부산 시민은 결과를 본다. 약속을 시간, 장소, 담당으로 적어 내는 쪽이 신뢰를 얻는다. 이제 필요한 건 그 한 줄의 결심이다.

부산시장에 어떤 사람이 출마할까

부산시장에게 공통 배경으로 깔린 질문은 명확하다. 해양수산부를 옮기느냐 마느냐보다는 내일 출근길이 어떻게 바뀌고, 이번 여름 북항의 밤이 얼마나 편해지고, 아이 돌봄과 병원 접근이 얼마나 쉬워지는가다. 부산 시민은 표를 줄 때 늘 생활을 통해 계산한다.

현역 박형준 시장은 속도전과 상징의 결합으로 자신을 증명해왔다고 본다. 북항과 도심 연결의 재설계, 환승 품질 개선, 관광 동선의 정돈 같은 체감형 과제에 힘을 실었고, 세계 행사 유치전 같은 도시 브랜드의 장면도 전면에 세웠다. 장점은 현직 프리미엄의 본질, 즉 운영 지표를 분기마다 꺼내 보일 수 있다는 데 있다. 그러나 상징 의제가 실패하거나 지연되면 '비용 대비 효과' 논란이 빠르게 커지는 구조도 감수해야 한다.

전재수 해양수산부 장관이 등판하면 판의 결이 달라진다. 지역 조직과 생활 언어의 결합이 강점이다. 오랫동안 서부권 원도심과 어항, 항만 노동 현장을 챙겨왔고, 해양수산 정책의 실무를 몸으로 익혔다. 북항 재생의 운영 규칙, 항만 배후 단지의 업종 믹스, 어항 현대화와 어선 안전, 바다와 도시의 경계에서 생기는 생활 갈등을 어떻게 조정할지 구체적으로 말할 수 있는 정치인이다. 장관 경력을 도시 설계로 번역하면 통관과 검역, 세관과 항만청, 시청과의 창구를 한 화면으로 묶는 '시간을 줄이는 행정'이 핵심 카드가 된다. 약점은 권역 확장이다. 해양수산의 언어가 수영만과 해운대, 센텀의 디지털 산업, 주거·교육 스트레스, 사상 및 사하의 물류 고질과 어떻게 연결되는지를 한 문장으로 보여줘야 한다.

조경태 국민의힘 의원은 보수 성향의 조직력과 공격적인 메시지가 강점이다. 서부권의 산업과 물류, 낙동강 벨트의 기반 시설, 세제·규제 개선 같은 경제 감수성의 언어로 표를 모을 수 있다. 환승과 도로 병목, 산업도로와 생활도로의 분리, 원도심 재생의 속도 같은 실용 의제에서도 선명한 태도를 취할 가능성이 크다. 약점은 도시의 새 질서에 대한 업데이트다. 해양·물류 중심의 강점을 살리면서도 디지털·콘텐츠·바이오 같은 신산업 지형을 어떻게 부산식으로 설계할지, 북항과 원도심을 관광 상권 이상의 생태계로 만들 구상을 얼마나 구체적으로 제시할지에 성패가 달린다. 과거의 조직 동원에 기대면 '올드하다'는 벽을 넘기 어렵다. 젊은 층과 신도심의 중도 유권자가 듣고 싶은 것은 삶의 시간표를 바꾸는 계획이다.

최인호 전 국회의원은 원도심 재생의 디테일과 생활 밀착형 의제에서 힘을 낼 수 있다. 골목의 조도와 경사로, 공공임대 리모델링, 소상공인의 디지털 전환과 공공 조달 진입 같은 과제는 빠르게 성과를 낼 수 있는 분야다. 장점은 그동안 버텨낸 지역 네트워크와 현장성이어서, 산복도로와 사하·사상·영도의 생활 과제가 선거 전면에 올라올 때 존재감이 커진다. 다만 도시의 큰 판을 흔드는 언어가 약하게 들릴 위험이 있다. 공항 접근 교통, 북항 2단계와 원도심의 균형, 항만과 철도, 공항을 잇는 물류 삼각 축 같은 대형 의제를 일정표로 끌어내지 못하면 '생활엔 강한데 성장론은 얕다'라는 평판이 따라붙을 수 있다.

북항을 어떻게 운영할지보다, 북항 때문에 남포와 영도, 서면과 해운대의 동선이 어떻게 달라지는지가 표심을 움직인다. 공항을 어디에 어떻게 지을지보다, 개장 첫날부터 공항철도와 급행버스의 환승이 얼마나 매끄러울지가 생활의 설득력이다. 항만 배후 단지에 어떤 업종을 넣을지보다, 그로 인해 지역의 일자리와 소상공인의 매출, 밤의 안전과 쓰레기 관리가 어떻게 바뀌는지가 팩트로 읽힌다.

그래서 해양수산부 이전 논쟁도 같은 프레임으로 정리된다. 간판을 옮기는 일만으로는 표가 생기지 않는다. 창구가 가까워져 통관, 검역, 인허가에 걸리는 시간이 줄고, 그 시간 절감이 기업과 노동자의 임금, 매출, 고용으로 환산돼야 의미가 생긴다. 시민은 '현판 이전'이 아니라 '하루의 변화'를 본다. 부산에서 해양수산부 이전이 자주 대두되는 이유는 이해한다. 도시의 정체성과 자존심, 정책 접근성의 상징이니까. 그러나 이번 선거에서 유권자는 더 현실적인 셈법을 들고 투표장에 들어간다.

결국 부산시장은 바다와 도시, 산업과 사람을 한 문장으로 묶을 수 있어야 한다. 박형준은 상징과 운영을 더 촘촘히 잇는 능력을 보여줘야 하고, 전재수는 해양수산의 강점을 생활과 신산업의 언어로 번역해야 한다. 최인호는 생활의 디테일을 대형 의제의 시간표와 결합해야 하며, 조경태는 경제 감수성에 도시의 새 질서를 덧입혀야 확장이 생긴다. 네 사람 중 누가 먼저 '오늘의 변화'를 예산과 일정, 책임 주체로 내놓느냐, 부산의 표는 늘 그 답을 좇아 움직인다.

경남도지사에 어떤 사람이 출마할까

경상남도는 조선과 기계, 자동차 부품과 항공, 항만과 어촌, 내륙의 농산물과 남해의 관광이 한 화면에 올라오는 곳이다. 그래서 도지사 선거에서는 구호보다 운영의 힘이 먼저 읽힌다. 이번 판에서 거론되는 이름은 박완수, 김태호, 김경수, 여영국이다.

박완수 현 경남도지사는 행정의 뼈대를 잘 아는 유형이다. 창원과 통합 창원시의 성장통을 두루 겪었고, 도정의 기계실이 어떻게 돌아가는지 손끝으로 기억하는 사람이다. 지역 제조업의 체질 개선과 인력 양성, 항만과 물류의 병목 해소 같은 숙제를 절차와 일정으로 풀어내는 데 강점을 보인다. 조선과 기계의 회복세를 지역 내 납품 사슬로 연결하고, 스마트팩토리와 에너지 전환을 단계별로 지원하는 방식을 꾸준히 밀어붙이면 중도 표심이 쉽게 흔들리지 않는다. 약점으로 꼽히는 지점은 메시지의 선명함이다. 숫자로 설명하지 못하면 조용한 성과가 소음에 묻히기 쉽다.

김태호 전 경남도지사는 넓은 판을 읽는 감각이 강점이라 한다. 도정을 이끌던 시절부터 광역과 중앙을 종횡으로 넘나들며 지역의 큰 그림을 그리는 데 익숙했다. 남해안 관광 벨트와 산업 벨트, 항공과 방산, 항만과 내륙 물류를 묶어 하나의 이야기로 만들 줄 안다. 정무적 조정력과 인적 네트워크도 두터운 편이어서 부처와 기업, 지자체를 한 테이블에 앉히는 데 힘을 낼 수 있다. 이런 유형은 초반 기대를 키우는 데 탁월하다. 다만 경남의 표는 구상과 착공 사이의 간극을 예민하게 본다. 말이 크면 기준도 높아진다. 이 간극을 줄이려면 초기 100일 계획을 생활의 번들로 명확히 제시해야 한다.

김경수 전 경남도지사는 데이터와 체감을 결합하는 스타일로 각인돼 있다. 지역 제조업의 디지털 전환, 스마트 물류, 생활 밀착형 교통 개편, 교육과 돌봄의 시간표 조정처럼 수치와 현장을 동시에 움직이는 과제에 강점을 보여왔다. 메시지는 늘 간단했다. 시간을 줄이고, 위험을 낮추고, 기회를 넓힌다는 문장이다. 경남의 산업 생태계를 더 촘촘히 엮고, 남해안의 관광과 문화, 콘텐츠를 체류형으로 바꾸는 설계를 다시 꺼낸다면 중도층이 반응할 공산이 크다. 변수는 전국 정치의 파도다. 경우에 따라 재등판을 전제로 할 때도 생활 지표를 앞세운 조용한 설득이 필요하다.

여영국 전 국회의원은 색채가 분명한 후보라 한다. 노동과 안전, 교육과 돌봄, 기후와 에너지 전환 같은 의제에서 일관된 태도를 보여왔다. 창원시 성산에서 노동 현장과 골목 경제를 오래 취재한 기자의 눈으로 보면 이 유형의 장점은 산업도시의 그늘을 놓치지 않는 데 있다. 안전사고 위험과 하청의 불안정, 숙련 인력의 단절, 산업단지의 환경 부담을 줄이는 공약은 화려하진 않지만 현장에선 환영받는다. 현실은 냉정하다. 양당 구도에서 승부를 뒤집기란 쉽지 않다. 그럼에도 득표율이 한 줌만 올라가도 정의당의 존재감과 교섭력에 힘이 실린다.

서부권은 조선과 기계의 회복세를 굳히는 인력과 공정의 문제를 첫 줄에 적어야 한다. 숙련 인력 양성의 현장화, 외주와 하청의 안전망, 협력사의 자금과 납품 사다리, 물동량 증가에 맞춘 항만과 도로의 병목 해소가 관건이다. 동부권과 내륙은 항공과 방산, 첨단 부품의 집적을 유지하면서 통근과 주거의 품질을 올려야 한다. 산업단지와 주거지 사이의 환승 품질, 응급 의료와 특성화 교육의 접근성을 개선하면 가족의 시간표가 바뀐다. 남해안 축은 관광의 반짝임을 체류의 체감으로 옮겨야 한다. 섬과 해안의 접속, 친환경 선박과 해양 레저, 어촌의 위생과 직거래, 작은 축제의 지속 가능성이 이어질 때 지역 소득이 남는다.

경남도지사 선거는 산업과 사람, 항만과 내륙, 바다와 골목을 한 문장으로 묶는 시험이다. 구호가 아니라 운영의 품질을 가늠하는 시험이기도 하다. 여영국에게는 작은 득표율 상승도 정의당 전체의 숨을 틔우는 의미가 있다. 김태호와 김경수에게는 넓은 판의 설계를 생활로 번역하는 능력이, 박완수에게는 조용한 성과를 선명한 문장으로 바꾸는 기술이 승부처다. 경남은 늘 결과로 말한다. 이번에도 다르지 않다.

부산에는 보수의 힘이?

현재의 부산은 보수의 힘이 견고하다. 지난 총선에서 나타난 국민의힘의 압승은 표심의 습관이 아니라 당시 정국과 지역 현안이 교차한 효과였다. 엑스포 유치 무산 이후에도 부산 시민은 '그래도 속도는 내야 한다'에 손을 들어줬고, 북항 재개발과 가덕신공항, 원도심 재생의 추진력을 여당 쪽이 더 잘 확보할 거라고 기대했다. 진보 세력에게는 '무엇이 달라지느냐'라는 질문 앞에서 주저했던 것이다.

이제 눈을 지방선거로 돌려본다. 기본 시나리오는 국민의힘이 상당히 선방한다는 그림이다. 부산의 선거는 상징보다 운영의 시험을 먼저 치른다. 여권 후보가 북항 2단계의 시간표, 가덕 접근 교통의 환승 품질, 산복도로 안전 보강, 산업도로와 생활도로 분리, 심야 이동의 안전 패키지처럼 손에 잡히는 성과와 계획을 한 묶음으로 내놓는다면 기존 지지층은 굳고, 중도층은 망설일 이유가 줄어든다. 보수의 코어는 연령대 높은 해양·물류·제조권과 서부권 주거지에서 여전히 두껍다. 이 구간의 투표율이 높게 유지되는 한 지도는 쉽게 뒤집히지 않는다.

그렇다고 판이 고정된 건 아니다. 변수는 두 갈래다. 하나는 중앙의 바람, 다른 하나는 생활에서 경험하는 체감이다. 현재 프레임에서 이재명 대통령의 지지율이 50%를 넘는 고지에서 안정적으로 머문다면, 부산에서도 '정부와 한편' 효과가 민주당 쪽으로 일부 이동한다. 특히 20대 후반부터 40대 초반의 청년·학부모층, 센텀·해운대·수영·남구의 직주근접 권역, 남포·영도의 재생 축에서 바람이 바뀌기 쉽다.

젊은 층의 표심도 변수다. 부산의 청년은 '이념'보다 '이직, 이사, 이자'에 민감하다. 일과 집과 돈의 흐름 측면에서 설득되면 지지 정당에 대한 습관을 바꿀 수 있다. 신용대출 이자 경감, 전월세 보증금 보호, 코업·현장 실습 연계, 공공 조달의 신생 기업 참여 확대 같은 도구는 의외로 빠르게 움직인다. 야권이 이 카드를 생활 언어로 압축해내면 동네마다 작은 파문이 생긴다. 반대로 여권이 젊은 층의 역모빌리티, 즉 수도권행을 막을 질 좋은 일자리와 주거 패키지를 제시하지 못하면 '관성의 우위'도 금방 빛이 바랜다.

한편 선거판에서 자주 등장하는 '정권 안정론'과 '정권 심판론'은 부산에서도 작동한다. 다만 부산은 이 두 프레임을 생활로 번역한다. 안정론이라면 북항과 공항, 항만 배후 부지, 도로망의 일정이 끊김없이 이어지는가를 묻고, 심판론이라면 지난 몇 년의 약속이 얼마나 운영으로 바뀌었는가를 본다. 구호로 이기는 도시가 아니다. 표는 약속의 시간표, 책임 주체, 예산 우선순위가 선명한 쪽으로 움직인다.

다시 정리하자. 기본 시나리오는 국민의힘의 선방이다. 산업과 항만, 중앙과의 공조를 중시하는 부산의 체질, 지난 총선에서 확인된 조직력과 권역별 투표 패턴이 여전히 강하다. 다만 이재명 대통령의 지지율이 높은 구간을 오래 유지하고 생활 성과로 연결되는 순간들이 쌓이면, 민주당도 몇몇 승부처에서 충분히 선방할 수 있다.

경남의 주목할 지역, 창원시 성산구

창원시 성산에서 매일 가장 먼저 들려오는 소리는 공장 종소리와 교대 버스 브레이크 소리다. 점심 무렵 노동자 식당 앞엔 안전화와 작업복이 줄을 선다.

여기선 정치가 토론회 무대가 아니라 탈의실, 식탁, 통근버스 안에서 먼저 결정된다. 경남 한복판에서 진보의 색이 가장 짙게 남아 있는 이유가 여기에 있다. 대선 구도나 중앙 이슈가 아무리 요동쳐도 성산은 늘 일터의 언어로 표를 계산한다.

이곳의 정치 지형을 말할 때 많은 이가 노회찬을 떠올린다. 그 이름은 '정치적 상징'이라기보다 삶의 말투에 가까웠다. 퇴근길 악수와 골목 간담회, 교대제 노동자의 시간표에 맞춘 약속이 공허한 구호를 이겼다. 그가 떠난 뒤 치러진 보궐선거에서 여영국이 승리를 거두며 증명한 것도 같은 원리였다. 선거의 중심을 대형 유세차가 아니라 공단 식당과 조합 사무실, 하청 업체 라인 앞에 놓으면 성산의 표심은 움직인다. 경남 전체가 보수의 성을 이루는 해에도 성산은 '노동의 자존심'으로 버텨왔다.

지도를 조금 더 들여다보면 조건이 선명해진다. 창원국가산업단지의 정규직·하청·협력사 구조, 조선·기계·에너지 장비의 경기 민감도, 공정 안정화와 안전 투자, 숙련 인력의 세대교체가 한 화면에 겹친다. 선거 때마다 임금보다 '일감의 길이'가 표심을 더 세게 흔든다. 6개월짜리 수주가 18개월로 늘면 저녁 식탁의 분위기가 달라지고, 그 변화는 이념보다 빨리 마음을 움직인다. 반대로 산업재해의 그림자, 밤샘 노동과 생활 리듬 붕괴, 파견·사내 하청의 불안정이 커지면 진보의 메시지가 다시 힘을 얻는다. 성산은 성장과 안전, 고용의 지속성과 노동의 존엄이 매번 힘겨루기를 하는 장이다.

진보가 다시 깃발을 꽂으려면 무엇이 필요할까. 첫째, 통일된 표정이다. 노동 의제를 전면에 두되 '임금'만이 아니라 공정 안정화, 안전 설비 표준, 공정한 하청 납품 단가, 교대제 개선 같은 실무를 숫자와 일정으로 제시해야 한다. 둘째, 연합의 정치다. 성산의 진보 표는 정의·민주·무당 진보 성향이 교차로 흐른다. 후보 단일화와 정책 연대가 뒤늦게 이뤄지면 현장 조직이 피로해진다. 초반부터 '누가 무엇을 맡고, 언제까지 무엇을 바꿀지' 역할을 분담하여 못 박아두면 조합과 동네 조직의 발걸음이 가벼워진다. 셋째, 메시지 갱신이다. 노회찬의 문장은 여전히 빛나지만, 오늘의 현장은 플랫폼·특수고용·외국인 노동·청년 기능 인력의 문제까지 한꺼번에 다룬다. 통역·산업재해 교육·법률 상담·숙소·통근 지원 같은 다국적 노동환경 해법을 덧붙여야 '업그레이드된 진보'가 된다.

보수는 어떤 길로 들어올까. 보수의 강점은 '일감'과 '속도'다. 투자와 수주, 인허가와 기반 시설의 병목을 뚫는 데 자신이 있다. 성산에서 이 강점이 통하려면 추상적 규제 완화가 아니라 '내 공장까지의 진·출입로 대기 시간 단축'과 '납품 단가의 예측 가능성'으로 번역되어야 한다. 원청의 설비 투자와 하청의 안전 설비를 연동하는 인센티브, 교육·병원·교통 같은 생활 SOC의 선투입, 통근 시간 단축과 심야 안전 강화 같은 체감 변화가 곧바로 눈에 띄면 전통적 보수 조직이 약한 지역에서도 균열이 생긴다. 보수 후보가 노동을 존중하는 언어를 얹어 '성장과 안전'을 결합할 수 있다면 성산의 표심은 단단하지 않다.

과연 이번 선거에서 진보가 성산을 지킬 수 있을까. 가능성은 충분하다. 다만 자동은 아니다. 노회찬의 기억 위에 오늘의 해결책을 얹어야 한다. 공장 앞 도로의 대기 시간을 줄이고, 교대제의 빈틈을 돌봄으로 메우고, 하청의 안전 설비를 표준으로 끌어올리는 계획을 '언제, 어디서, 누구와' 할지 적나라하게 보여줄 때 표가 움직인다.

반대로 보수는 산업과 생활을 같은 문장에 묶는 데 성공하면, 성산에서도 '먹고사는 문제'로 균열을 낼 수 있다.

이 지역은 감정으로만 움직이지 않는다. 약속을 시간표로 내놓는 쪽의 손을 들어준다.

많은 시민이 교육감은 정확히 무슨 일을 하는지, 시장·도지사와 어떻게 다른지 선뜻 설명하지 못한다. 그러나 학교 종이 울리는 순간부터 교육감의 결정이 우리 삶을 파고든다. 급식 품질과 무상급식 여부, 교과서 선택과 보조 교재, 교실 냉난방과 공기 질, 학교 안전과 통학로, 교사 정원과 배치, 기초학력 보정과 방과 후 돌봄, 스마트 기기 도입과 디지털 학습 플랫폼까지, 일상의 교육을 교육감의 손이 설계한다. 교육청 예산은 웬만한 기초자치단체보다 크고, 교원 인사권과 학교 신설·이전·통폐합 권한도 교육감 책상에서 출발한다. 그래서 교육감 선거는 '학생의 하루'와 '학부모의 저녁'을 바꾸는 표라 한다.

교육감 출마자는 현장에 오래 몸담은 교사·교장 출신이 한 축을 이룬다. 이들은 수업과 생활지도의 이야기를 정책으로 풀어내는 데 강하다. 교육부나 교육청에서 실무를 다룬 관료 출신도 자주 등장한다. 제도와 예산의 톤을 잘 알고, 학교 밖 이해관계자와의 협상에서 장점이 있다. 교육학·심리학·평생교육 분야의 학계 인사도 꾸준히 도전한다. 연구의 언어를 현장으로 번역하는 데 능하지만, 첫해의 속도가 더딘 경우가 있다. 마지막으로 사회운동가·시민단체 리더·법조인처럼 교육 외부에서 온 인사도 있다. 기존 틀을 흔드는 개혁 드라이브에 강하지만, 교단과 교육청 조직의 관성에 막히면 피로감이 누적된다.

교육감이 하는 일은 '철학'과 '운영'을 동시에 요구한다.

철학은 방향을 정한다. 경쟁과 협력의 균형을 어디에 둘지, 기초학력과 창의성의 우선순위를 어떻게 잡을지, 돌봄을 어디까지 학교의 책무로 확장할지, 디지털·AI 환경에서 교실을 어떻게 재구성할지 같은 문제다.

운영은 속도와 품질을 보장한다. 급식과 안전 같은 필수 서비스의 최소 기준을 지키는 일, 학교 시설 개선의 투자 우선순위를 정하는 일, 교원 수급과 전보를 투명하게 관리하는 일, 평가와 행정 업무를 줄이는 동시에 책임성을 잃지 않게 하는 일, 민원과 정책 사이의 벽을 낮추는 일 모두가 운영의 영역이다. 한마디로 교육감은 '큰 그림을 그리는 사람'이면서 '그림을 벽에 정확히 거는 사람'이어야 한다.

정책의 진짜 시험지는 현장이다. 기초학력 보정은 가장 민감하고도 중요한 과제다. 단순히 보충수업 시간을 늘리는 방식으로는 오래 못 간다. 담임·전담·외부 강사를 엮은 팀 티칭, 학교 안 진단-개입-피드백의 표준화, 지역 대학·도서관·마을 배움터와의 연계, 학부모에게 제공하는 학습 리포트의 정밀화가 함께 움직여야 한다.

돌봄은 교육과 복지의 경계에서 매번 흔들린다. 초등 저학년을 중심으로 야간·방학 돌봄까지 확장하되, 교사의 업무 과중을 피하려면 별도 인력과 공간을 제도화해야 한다.

안전은 말 그대로 학교의 최소 조건이다. 통학로 조도와 CCTV, 스쿨존 단속, 실험실·체육시설 안전 규정, 응급상황 대응 훈련을 데이터로 관리하면 '사고가 없다'가 아니라 '사고 확률을 줄였다'라고 말할 수 있다.

디지털 전환은 기기 보급에서 멈추지 않는다. 교과와 평가, 교사 연수, 학생의 자기 주도 학습 구조까지 묶는 커리큘럼 혁신이 필요하다. 장비는 예산으로 사지만, 수업은 시간으로 키운다.

교육감 선거가 특히 어려운 이유가 있다. 정당 간판 없이 치러지는 경우가 많다. 유권자는 후보의 이름과 공약집만 붙들고 판단해야 한다. 그래서 더더욱 후보에게 실행 언어를 요구해야 한다. '무상'과 '혁신' 같은 추상 명사가 아니라 '언제부터 몇 인분의 급식을 어떻게 개선하고, 알레르기·특수·할랄 등 맞춤형 급식 비율을 어디까지 올릴 것인지' 같은 문장이어야 한다. 'AI 교육 확대'라는 말보다 '초 6·중 1·고 1에게 주당 1시간 데이터 리터러시 필수 교육, 교사 연수 20시간 이수, 지역 대학·기업과 프로젝트형 수업 몇 반 확대' 같은 달력이 눈에 들어온다. 선거가 끝난 뒤 분기별 점검 보고서와 사업 대시보드를 공개하는 약속까지 포함하면 유권자는 '감'이 아니라 '근거'로 채점할 수 있다.

한 가지 더 생각해볼 문제를 던지고 싶다. 교육감이 학생에 관한 정책을 결정하는 자리라면, 학생에게도 투표권이 있어야 하지 않느냐는 제안이다. 찬반이 쉽게 갈린다. 반대는 이렇게 말한다. 아직 사회 경험이 적고, 특정 이슈에 감정적으로 휩쓸릴 위험이 있으며, 정치화의 부작용이 교실을 갈라놓을 우려가 있다. 찬성은 이렇게 맞선다. 정책의 직접적인 당사자가 배제된 채 결정이 이루어지는 지금의 구조가 오히려 비민주적이며, 청소년의 시민성은 참여를 통해 자란다는 주장이다.

세계 곳곳에서 지방선거나 교육 관련 사안에 한정해 16세 참여를 허용한 사례가 늘고 있다. 무엇이 정답이라 단정 짓긴 이르다. 다만 학생의 참여를 넓히는 장치는 다양하게 설계할 수 있다. 법적 투표권을 확대하지 않더라도 학생 참여 예산제 실질화, 학생 의회 권한 강화, 학교 운영위원회의 학생 몫 확대, 교육청 정책 설계 단계의 학생 배심원단 운영 같은 방법이 있다. '의견 청취'라는 형식이 아니라, '결정에 영향'이 있는 참여로 바꾸는 순간 논의의 온도는 낮아지고 성과는 높아진다.

결국 교육감 선거는 백 마디 구호보다 한 장의 달력으로 평가된다. 기초학력의 목표치를 어디까지 끌어올릴지, 돌봄 수용률을 몇 퍼센트까지 늘릴지, 노후 학교의 리모델링을 어떤 순서로 할지, 교사 행정 업무를 얼마나 줄이고 수업에 돌려줄지, 학생 안전의 골든타임을 몇 분 단축할지. 이 숫자를 분기마다 공개하는 팀이 신뢰를 얻는다. 유권자도 바뀌어야 한다. 정당 로고가 없는 선거라서 더 까다롭지만, 그래서 더 보람이 있다. 내 아이의 교실, 우리 동네 학교의 체온을 직접 선택하는 표이기 때문이다.

교육감은 행정가이자 교사들의 리더이자, 학생의 하루를 책임지는 설계자다. 교육은 느리고 삶은 바쁘다. 그래서 '말 잘하는 사람'보다 '기록을 남기는 사람', '한 번에 뒤집는 사람'보다 '조금씩 바꾸는 사람'을 고르는 쪽이 안전하다. 투표는 그 첫걸음이다. 유권자가 달력을 요구하고, 후보가 달력으로 답하는 선거를 만들면, 우리 지역의 교실은 한층 덜 지치고 더 단단해진다. 그리고 언젠가 학생이 직접 그 달력에 점을 찍게 될 날이 올지 함께 생각해볼 일이다.

유일한 수도권 광역시, 인천

공항 활주로 끝자락에서 불빛이 이어지고, 부두 크레인은 밤낮 없이 팔을 흔든다. 인천에 대해 한마디로 묻는다면 '들고 나가는 도시'라 답한다. 사람과 물류, 문화와 정보가 드나드는 관문이자, 수도권의 서쪽 문턱을 받치는 완충지대라 한다. 그래서 인천을 이해하지 못하면 수도권의 하루 리듬을 절반만 아는 셈이다.

인천의 첫 얼굴은 공항과 항만이다. 하늘과 바다의 관문이 한 도시에 붙은 구조라서 경제의 호흡이 외부와 똑바로 연결된다. 공항 배후의 영종구는 호텔과 물류, 정비와 교육이 맞물린다. 항만을 낀 남항·신항 축은 환적과 제조·유통이 결합해 서부 수도권의 혈류를 만든다. 두 축이 동시에 움직이면 도시 전체의 체감 경기가 바로 반응한다. 바깥의 바람이 거셀수록 내부의 생활을 지켜낼 촘촘함이 더 중요해진다.

두 번째 얼굴은 '새 도시와 옛 도시의 동거'다. 송도와 청라, 영종의 신도시는 도로와 공원, 학교와 병원이 표준화돼 있다. 반면 중구와 동구, 미추홀의 오래된 동네는 인구가 빠지고 건물들이 빠르게 노후화됐다. 낮에는 공단과 시장이 돌아가지만, 밤에는 골목의 조도가 확 낮아지는 구간도 여전하다. 인천의 행정은 이 간극을 다리 놓듯 메워야 한다. 신도시의 품질을 지키는 일과 구도심의 안전·보건·교육 인프라를 채우는 일이 동시에 굴러가야 도시가 한 리듬으로 숨을 쉰다.

세 번째 얼굴은 '수도권 유일의 광역시'라는 자리다. 서울·경기와 맞닿아 있으니 경쟁과 협력이 매일 겹친다. 직장은 서울, 집은 인천인 사람이 많아서 광역 교통의 품질이 곧 인천의 체감 성적표가 된다. 환승 센터의 동선, 급행 축에 대한 신뢰, 안심할 수 있는 심야 이동, 버스 및 철도 노선 효율 같

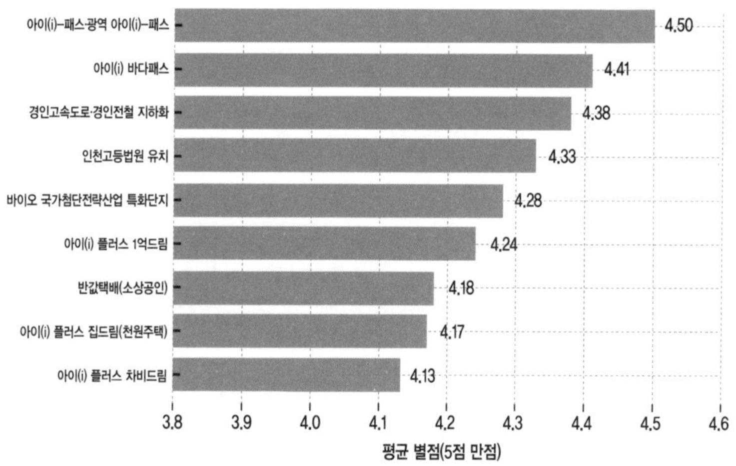

2024년 인천시 10대 주요 사업 시민 평가(별점 평균)
출처: 인천시

은 디테일이 표정을 바꾼다. 같은 1시간이라도 환승이 부드럽고 대기 변동이 적으면 여가와 가족의 시간이 살아난다. 인천 시민이 교통에 유난히 예민한 이유가 여기에 있다.

산업의 결도 눈여겨볼 대목이다. 남동산단과 부평·서구의 제조 벨트는 여전히 튼튼하다. 다만 공장 한 곳의 경기만으로 도시가 흔들리지 않게 포트폴리오를 바꿔야 한다. 바이오·의료, 친환경 모빌리티 부품, 콜드체인과 전자상거래 물류 같은 새 기둥을 키우면 외풍에 덜 흔들린다. 대학과 연구기관, 공항·항만의 실증 현장을 연결해 '연구–실험–판로'의 징검다리를 만들면 청년의 발걸음도 붙잡을 수 있다.

섬과 갯벌은 인천의 뿌리이자 미래다. 강화에서 옹진으로 이어지는 섬들은 도시의 소음에서 한 걸음 떨어진 삶을 보여준다. 연결성과 생활 인프라를 꾸준히 보강하면 체류형 관광과 지역 소득이 함께 자란다. 도심에서 가까운 습지와 해안은 도시의 '바람길'이자 '그늘'이다. 여름마다 체감하는 폭염과 월파를 생각하면 보전과 이용의 균형을 제대로 잡아야 한다. 공원과 산책로, 그늘과 물길만 잘 연결해도 생활의 피로가 낮아진다.

인천은 늘 '오고 가는 것'으로 먹고사는 도시다. 바깥과 연결되는 힘이 강할수록 안쪽의 생활을 지켜내는 섬세함이 더 필요하다. 공항과 항만의 속도를 높이고, 신도시와 구도심의 간극을 줄이고, 광역 교통의 품질을 끌어올리면 도시는 한 박자로 맞춰진다. 섬과 갯벌, 공원과 바람길을 생활 속으로 가져오면 여름과 겨울의 피로가 누그러진다. 인천을 바꾸는 공식은 단순하다. 시간을 줄이고, 위험을 낮추고, 기회를 넓히는 도시. 그 공식을 생활의 장면으로 보여주는 사람이 결국 인천의 신뢰를 얻는다.

지난 인천시장의 정책과 공약이행률 분석하기

인천의 성적표는 유정복의 첫 시정, 박남춘의 실험, 유정복의 회귀라는 잣대로 포개면 흐름이 또렷해진다.

유정복의 첫 번째 시간은 시 살림을 바로 세우는 데 힘을 줬다고 본다. 송도와 청라, 영종의 개발 궤도를 정리하고, 방만하다는 비판을 받던 재정 구조를 다이어트했다는 인상이 강하다. 시가 직접 통제할 수 있는 생활형 과제에서 이행률이 높았다. 노후 도로와 배수, 공원과 체육시설 같은 생활 인프라 보수, 산하 공공기관의 구조조정과 기능 재편을 일정표대로 진행했다. 반면 수도권 매립지 문제의 해법, 항만 재개발과 배후 부지 고도화, 공항 접근 광역 교통처럼 중앙정부와 연결되는 과제는 예비 타당성 조사와 부처 협의, 법령 정비에 기대는 비중이 커서 절반의 진전으로 남았다.

박남춘의 시간은 장면이 달랐다. 생활 속 체감과 시민 참여를 전면에 올렸고, 지역화폐와 공공 서비스의 촘촘함을 실험했다. '인천e음'이 대표적이다. 결제 인센티브를 얹어 지역 상권의 매출을 붙잡는 방식은 짧은 시간에 효과를 냈다. 버스 준공영제 손질, 환승 환경 개선, 원도심 보행 안전과 골목 조도 높이기 같은 생활형 과제도 시가 주도해 속도를 올렸다. 방향은 분명했고, 시민들도 체감할 수 있었다. 다만 큰 판에서는 늘 중앙의 문턱을 만났다. GTX B 노선과 공항철도 혼잡 완화, 수도권 매립지 종료 로드맵, 항만과 철도의 연계 고도화는 계획과 협약, 절차의 문장으로는 진척이 보였지만 운영으로 옮겨 적을 정도의 완결은 부족했다.

다시 유정복으로 돌아온 현재의 시간표는 속도감 있는 브랜드 구상과 현안 수습을 함께 껴안는 모양새다. 공항과 항만을 묶는 경제 비전, 영종과 청라를 거점으로 삼는 투자 유치, 원도심 재생의 표준화 같은 큰 그림을 천명하는 한편, 버스 배차 신뢰도와 환승 품질, 심야 이동 안전, 공원과 수변의 생활 관리 같은 눈앞의 성과를 분기 단위로 쌓는 방식이다. 다만 대형 어젠다는 여전히 절차와 협의의 길을 걷는다. 매립지의 다음 단계, GTX B 공정 관리, 항만 재배치와 배후 단지 업종 믹스, 공항 접근 광역 축의 완성도는 국가 결정과 예산, 법령이라는 외부 변수에 종속된다. 최근의 화려한 비전 문구가 생활의 개선으로 번역되지 않을 때 반작용이 커지는 구조도 동시에 감수해야 한다.

세 차례의 시정을 가로지르는 공통의 법칙을 추려보면 간단하다.

시가 단독 설계와 집행을 책임질 수 있는 과제는 공약 이행이 빠르고 설득력이 높다. 노후 인프라 교체, 환승 품질 업그레이드, 공공임대 리모델링, 골목 안전과 조도 개선, 지역화폐와 소상공인 지원, 공공 데이터와 민원 행정의 표준화가 그런 범주다.

다음으로 중앙정부와 얽힌 큰 과제는 목표를 정직하게 쪼개야 한다. 예비 타당성 조사 통과와 착공, 시범 운영과 정식 운영을 동일한 완료로 포장하면 신뢰가 닳는다. 운영 지표를 약속해야 시민이 체감한다. 마지막으로 재정의 투명성이 공약 이행률을 지탱한다. 어느 사업에서 얼마를 빼고, 무엇을 먼저 넣는지 공개할수록 논란은 줄고 협조는 붙는다.

인천의 생활형 과제는 꾸준히 쌓였고, 초대형 의제는 절차의 강을 건너는 중이라 한다. 남은 숙제는 번지수의 정확도다. 공항과 항만 이용의 속도를 높이는 일, 신도시와 구도심의 간극을 줄이는 일, 광역 교통의 품질을 끌어올리는 일, 매립지와 환경 갈등의 체계를 정리하는 일을 운영의 언어로 끝까지 가져가는 것. 그때 비로소 공약 이행의 문장이 시민의 하루로 내려앉는다. 인천의 표는 늘 거기에서 움직인다.

인천에 필요한 정책 알아보기

창밖으로 같은 아파트 동이 분절된 퍼즐처럼 이어지고, 그 사이를 지나는 버스는 늘 몇 분쯤 늦는다. 인천 주민의 피로는 멀리 있지 않다. 집에 들어가기까지의 마지막 20분, 아침에 집을 나서서 환승 두 번을 채우는 70분, 그 시간이 도시의 품질을 말해준다. 그래서 인천의 정책은 주거와 교통을 같은 박자로 묶어야 한다. 일자리를 어디에 놓을지도 결국 이 두 축이 결정한다.

신도시 정책은 속도보다 완성도가 관건이다. 청라와 검단은 서울 접근성을 앞세웠지만, 하루의 편안함은 단열과 환기, 방음과 수납, 커뮤니티 시설의 품질에서 갈린다. 관리 주체가 모호해 민원이 공중에 뜨는 구간은 통합 창구를 두고, 하자 접수부터 보수 완료까지의 시간을 표준화한다. 공공 임대는 저렴함만으로 설명되지 않는다. 임대와 분양이 섞인 단지에서도 관리 서비스의 격차를 줄여 '같이 사는' 느낌을 만든다. 세입자 분쟁 조정은 상담 접근성이 전부다. 온라인·동 행정복지센터·역세권 거점에서 바로 접수하고, 보증금 분쟁과 수리 책임을 빠르게 가르는 판정 시간을 최대한 당긴다.

구도심 정책은 속도가 아닌 체력 싸움이다. 미추홀·동구·중구의 빈집과 노후 다세대주택은 화재, 노후 배관, 몰수리의 위험이 겹친다. 골목 단위로 소규모 리모델링을 상시화하고, 안전·단열·창호를 묶은 표준 공법을 보급하면 비용을 낮출 수 있다. 공실 상가는 청년 임대 상가와 공방, 공유 주방으로 전환하되 임대료를 계단식으로 조정해 3년 버티기를 가능하게 한다. 청년이 적어진 문제는 공간만으로 풀 수 없다. 역세권의 소형 주택에서 채광·방음·수납 같은 기본을 끌어올리고, 전월세 안심 보증과 이사비 일부 지원을 결합하면 체류 기간이 늘어난다. 여기에 대학·직업학교의 도심 실습장과 코업 과정을 붙여 낮의 발걸음을 회복해야 한다.

교통은 환승의 품질로 증명된다. 열차 도착과 버스 출발 사이의 오차를 줄이고, 환승 통로의 병목을 없애고, 승강장 안내를 단순화하면 체감은 금세 달라진다. 공항철도·7호선·수인분당선·인천1·2호선의 교차역에선 표지 체계를 통일하고 수직 동선을 짧게 만든다. 청라·검단·영종의 순환 버스는 역세권 도착 시간을 줄이는 설계가 핵심이고, 심야 시간표는 안전을 우선으로 만든다. BRT는 차로만 확보한다고 끝나지 않는다. 신호 우선권, 정류장 승하차 동선, 도착 정보의 정확도가 함께 올라가야 진짜 급행이 된다. 요금은 정서가 아니라 데이터로 설계한다. 수도권 통합 정기권과 연동해 출퇴근 패턴이 긴 구간에 인천형 할인 옵션을 얹고, 다자녀·야간 근로자·교대제 노동자에게 교통비 보조를 맞춤형으로 제공하면 실제 지갑이 가벼워진다. 환승 할인 제도는 노선별이 아니라 생활권에 기반하여 손대야 한다. 같은 동네에서 갈아타는 버스 두 번이 철도 한 번보다 비싸면 누구나 체감에서 이탈한다.

주거와 교통을 함께 건드리면 '베드타운'의 낙인은 옅어진다. 신도시에서 역세권까지의 마지막 10분을 줄이고, 역에서 집까지의 밤길을 밝히고, 이사 직후의 하자와 분쟁을 빠르게 정리하면 만족도가 올라간다. 구도심에서 공실을 줄이고 안전을 끌어올리고 청년 소형 주택의 품질을 높이면 인구구조가 서서히 회복된다. 여기에 하나만 더 보태자. 공사 일정과 통제, 서비스 변경은 사전에 정확히 알린다. 예산의 우선순위와 사업의 단계별 목표를 공개하면 시민의 협력이 붙는다.

인천의 하루는 이동과 집으로 정의된다. 이 두 가지를 잘하면 일자리는 자연스럽게 따라온다. 반복되는 막차의 피로를 줄이고, 퇴근길의 마지막

20분을 편안하게 만드는 도시. 인천이 그 문장을 완성하는 순간 '서울 옆 숙소'라는 오해는 금방 사라진다.

인천시장에 어떤 사람이 출마할까

인천시장이라는 시험장에 오를 가능성이 큰 얼굴들은 유정복 인천시장, 박남춘 전 인천시장, 박찬대 국회의원, 이학재 인천국제공항공사 사장이다. 네 사람의 장단을 생활의 언어로 펼쳐 본다.

유정복 인천시장은 '운영의 내구성'으로 자신을 증명해온 유형이다. 재정과 조직, 산하기관의 라인을 손에 익힌 경험이 길고, 광역 현안에서 중앙 정부와 맞물리는 법을 알고 움직인다. 장점은 숫자와 일정으로 평가받는 과제에서 안정감을 준다는 점이다. 환승 센터 동선 정리, 버스 준법 배차, 보행 안전, 공원·수변 관리 같은 생활형 항목은 눈에 보이는 그래프를 만들 수 있다. 다만 대형 어젠다에서는 '비전의 문장'과 '일상의 장면' 사이의 간극이 약점으로 돌아온다. 수도권 매립지 이후의 로드맵, GTX와 공항 접근 광역 축, 항만 배후 부지 업종 재편 같은 영역은 국가 결정과 법·예산 변수에 종속된다.

박남춘 전 인천시장은 '체감의 설계'에 강점이 있다. 인천e음으로 대표되는 지역화폐 실험과 대중교통·보행 안전의 생활형 손질, 시민 참여를 통한 원도심 재생의 방식은 짧은 시간에 인천다운 표정을 만들었다. 다만 임기 후반 재정 부담 논란과 중앙 정치의 파고가 겹치며 큰 판에서 동력이 약해졌던 기억도 있다. 초대형 과제를 '시민이 이해하는 시간표'로 설명하는 능력, 예산의 우선순위를 투명하게 조정하는 솜씨가 보완 포인트다.

박찬대 더불어민주당 의원은 '국회 네트워크와 메시지의 응집력'이 강점이다. 예결 및 법안의 관문을 거친 경험과 원내 리더십은 대형 인프라와 생활 예산을 끌어오는 데 힘을 준다. 국면 전환이 빠르고, 복잡한 현안을 짧은 문장으로 요약하는 솜씨도 눈에 띈다. 약점은 광역 행정의 '기계실'에서 일한 경험이 빈약하다는 지점이다. 시정은 말이 아니라 사람·절차·예산의 조합으로 굴러간다. 초반 인선 원칙, 100일 번들 공약, 산하기관 관리 원칙을 차분히 제시하지 못하면 '메시지는 좋은데 운영은 불안하다'라는 시선이 남는다.

이학재 인천국제공항공사 사장은 '공항·물류 현장의 실무와 거버넌스'를 손에 쥔 카드가 있다. 항공 보안·운영·상업 시설·접근 교통까지 아우르는 공항이란 거대 플랫폼을 굴려본 경험은 인천만의 과제와 정확히 맞닿아 있다. 글로벌 항공·물류 네트워크, 외국 항공사·면세·MRO(유지와 보수, 정비) 유치, 공항 접근 환승 품질과 심야 운영의 섬세함에서 현실적인 해법을 꺼낼 수 있다. 약점은 정치의 뼈대다. 공기업 수장 자리에서 곧장 시정으로 넘어올 때 따라붙는 '정치적 타이밍' 논란도 피하기 어렵다.

네 사람의 권역별 승부처는 또렷하다. 부평·계양·서구는 광역 환승의 품질과 주거·보육의 기본에서 표가 갈린다. 청라·검단은 서울 접근성이라는 간판보다 내부 순환과 생활 SOC의 완성도를 따진다. 송도·연수는 바이오·국제회의의 성장에 더해 주거 품질과 교육·의료 동선의 정교함이 관건이다. 중구·동구·미추홀은 공실·안전·청년 유입의 세 가지 줄을 동시에 잡아야 한다. 영종은 공항의 세계와 생활의 동선을 같은 문장으로 묶을 수 있느냐가 전부다.

결론을 당겨 정리한다. 바람은 공항과 바다에서 불어오지만, 표는 역과 골목에서 만들어진다. 인천 시민은 늘 그 장면을 보고 표를 준다. 이번에도 다르지 않다. 약속을 시간과 장소, 책임 주체로 적어 내는 쪽이 인천을 설득한다.

수도권 인근 광역시의 파급력은 어마무시하다

인천시장은 권한의 크기보다 연결의 품질로 평가받는다. 공항과 항만이 동시에 있는 도시는 흔치 않다. 바깥에서 들어오는 사람과 물류, 기술과 자본을 한 번에 받아 '수도권 전체'로 흩뿌릴 수 있다. 그래서 교통 하나만 잘 묶어도 효과가 눈에 띄게 커진다. 공항철도와 GTX, 7호선·수인분당선·인천1·2호선의 환승 구조를 서울·경기와 공동 설계하면 통근 시간과 물류 대기 시간이 동시에 줄어든다. 이 정도 속도 개선은 단일 도시만으로는 만들기 어렵다. 인천이기 때문에 가능한 합주다.

산업은 더 노골적이다. 송도의 바이오, 청라의 금융·콘텐츠, 영종의 물류·정비, 남동·부평의 제조가 경기 남부의 반도체·자동차 벨트와 맞닿아 있다. 인천시장이 서울·경기와 프로젝트 단위로 묶으면 '연구-실증-양산-수출'의 사다리가 수도권 내부에서 닫힌다. 바이오의 임상·제조·콜드체인이 한 생활권에서 돌아가고, 전자상거래 물류의 풀필먼트와 항만·공항 환적이 지체 없이 넘어가면 기업은 굳이 다른 지역을 찾지 않는다. 탄소중립 흐름에서 인천항의 친환경 연료 벙커링, 항공 MRO와 SAF(지속가능 항공유) 인프라 같은 새 수요도 서울·경기의 수요처와 한 묶음으로 키울 수 있다. 이게 수도권 광역시의 '확장성'이다. 같은 돈을 써도 파급 반경이 몇 배로 넓어진다.

도시 정책에서도 인천의 메리트는 확실하다. 신도시와 구도심의 간극을 줄이는 과제는 인천 혼자 풀 수 없다. 학교·보육·의료 같은 생활 SOC와 광역 급행 축, 역세권 순환 교통을 서울·경기와 보폭을 맞춰 깔아야 진짜 효과가 난다. 예컨대 인천의 역세권 공공임대 품질을 끌어올리고 서울·경기의 청년 주거 정책과 신청·배점 체계를 잘 호환하면 '살 집이 있어도 통근 때문에 떠나는' 악순환을 끊을 수 있다. 원도심의 빈집·공실 전환도 마찬가지다. 인천이 전환 속도를 올리고, 서울의 문화·스타트업 수요를 끌어와 상시 임차로 연결하면 밤의 불이 다시 켜진다. 행정 경계를 넘어선 정책 연동이 가능한 자리, 그게 인천시장이다.

관광과 환경, 두 축에서도 파급력은 크다. 공항의 국제선 네트워크와 섬·갯벌의 자원을 잇는 코스는 수도권 전체의 체류 시간을 늘린다. 다국어 표지·결제, 공공 와이파이, 공중화장실 같은 기본 친절을 수도권 공통 표준으로 맞추면 재방문이 자연스레 많아진다. 환경문제는 더 급하다. 서해의 월파와 침수, 한여름의 열섬은 경계선이 없다. 저류지·빗물 터널·연안 방재를 서울·경기와 연동해 설계하면 재난 대응의 한계가 확 넓어진다. 인천시장이 이 테이블을 주도하면 '수도권 탄소·수자원 연합' 같은 틀도 현실이 된다. 공항·항만의 전동화, 항만 크레인·셔틀의 전기·수소 전환, 물류 차량의 단계적 저공해 전환은 시장의 결단으로 속도를 낼 수 있다.

정치의 리그에 놓고 보면 이야기가 더 분명해진다. 인천시장은 중앙 부처와 매일 마주 앉는다. 의회와의 연합도 수도권 3자 공조로 확장된다. 서울·경기와 공동 데이터·공동 보고서·공동 로드쇼를 내면 국회와 정부의 반응은 다르게 나온다. 쉽게 말해, 인천은 '혼자 큰 도시'가 아니라 '수도권의 합주'를 이끄는 악장이다. 인천시장이 곧 '수도권 메시지의 교차로'가 되는 이유다.

물론 장밋빛 미래만 있는 것은 아니다. 매립지, 해안 개발, 신도시 민원, 공항·항만의 소음·교통·환경 갈등은 언제든 역풍이 된다. 중앙 의존도가 높은 사업은 정권의 바람에 따라 속도가 출렁인다. 그래서 인천시장의 실력은 '큰 그림의 레토릭'이 아니라 '운영의 시간표'에서 드러난다.

메리트의 결론으로 돌아가보자. 인천은 '관문' 그 자체다. 관문을 통과하는 흐름을 붙잡아 '머무는 도시'로 바꾸는 일이 곧 시장의 성적표다. 수도권 인근 광역시의 파급력은 말로 과장해서가 아니라 구조가 그렇게 만들었다. 인천시장은 그 구조의 스위치를 쥔다. 제대로 켜는 법을 아는 사람이 앉으면 그다음 무대는 한 단계 더 가까워진다. 바람은 바다에서 불고, 표는 생활에서 나온다. 인천이 두 축을 동시에 움직이는 날, 시장의 이름은 자연스레 중앙 정치의 문 앞에 서게 된다.

인천의 주목할 지역, 영종구-서해구

영종은 밤의 리듬이 다른 동네다. 사람들은 비행 스케줄에 맞춰 출퇴근하고, 심야에 장을 보고, 주말에 잠을 몰아 잔다. 이런 생활 패턴은 투표장에도 그대로 묻어난다. 공항 노동자와 MRO·면세점·호텔·물류 종사자가 많은 만큼 젊은 층 비중이 높다. 통상 이런 구성이 더불어민주당에 유리하다는 해석이 나온다.

다만 어림짐작으로 끝낼 동네가 아니다. 지역구에 있는 배준영 국민의힘 의원의 조직력, 인천국제공항공사 수장을 지낸 이학재의 현장 영향력, 20대 남성의 보수 성향 같은 변수가 한 화면에 걸려 있다. 젊은 표가 많아도 투표율이 흔들리면 힘이 빠지고, 조직전이 견고하면 구도가 비슷해도 당락이 뒤집힌다.

영종의 쟁점은 '일감'이 늘어도 동네 '일자리'가 늘지 않으면 실감이 덜하고, 반대로 큰 사업 소식이 없어도 통근 동선이 매끈해지면 호감도가 빠르게 올라간다. 이런 체감형 어젠다에서 누가 먼저, 더 구체적으로, 더 많이 답을 내놓느냐가 영종구의 승부처라 한다.

정치 지형을 숫자만으로 재단하기 어려운 이유가 하나 더 있다. 이곳은 젠더·세대 교차가 심하다. 20대 남성의 보수 성향, 20대 여성과 30대의 생활·복지 친화 성향, 공항·서비스업 특유의 교대제 표심 이탈, 외국인 근로·다문화 가구가 많은 환경에서 행정 신뢰도 등 여러 층위가 동시에 움직인다.

서해구로 눈을 돌려 보면 공기가 달라진다. 기존 서구는 제조·물류와 신도시가 교차하는 전형적 경합지였다. 검단으로의 대규모 입주, 청라의 금융·콘텐츠·전자상거래 물류, 루원시티의 생활권 확장이 한쪽 저울에 올라가고, 석남·가좌·가정 등 기존 생활권의 민심이 다른 쪽 저울을 받쳤다. 결과는 늘 오차범위 안쪽에서 갈렸다.

분구 이후 서해구는 이 양면성을 더 선명하게 드러낼 가능성이 크다. 신도시의 '서울 접근성' 간판만으로는 표가 움직이지 않는다. 내부 순환 교통의 촘촘함, 학교·보육·보건소·도서관에 대한 재정 선투입, 정비 사업의 속도와 품질, 전월세 불안 완화 같은 구체 항목에서 체감이 갈린다. 동시에 기존 생활권은 골목 안전·노후 기반 정비·불법 주정차·소음·악취 저감 같은 생활 민원이 결정적이다. 산업도로와 생활도로의 분리, 물류 차량 동선 관리, 야간 소음 기준 강화가 빠지면 표가 돌아서기 쉽다.

여당은 '속도'와 '연결'을 전면에 내세울 것이다. GTX·7호선 연장, BRT 급행 축, 환승 센터 정비, 검단·청라 내부 순환 강화 같은 '큰 그림'을 일정표로 깔고, 신도시 관리에 대한 신뢰를 쌓으려 할 것이다. 야당은 '품질'과 '안전'을 전면에 올릴 공산이 크다. 학교·돌봄의 공백 완화, 심야 치안·조도 개선, 공공임대 품질 업그레이드, 전월세 상담·조정의 접근성 개선, 원도심 보행 안전과 소규모 리모델링 지원 같은 촘촘한 카드로 생활 체감을 파고들 것이다. 어느 쪽이든 숫자와 시간표, 책임 주체가 선명하지 않으면 '말잔치'로 분류돼 힘을 잃는다.

영종과 서해의 공통 변수는 투표율이다. 교대제와 장시간 통근, 주말 근무가 잦은 지역 특성상 사전투표 편의와 현장 동원 체계가 성패를 가른다. 사전투표소 접근, 젊은 층을 겨냥한 안내, 야간·주말 홍보의 효율이 곧 표

의 수다. 또 하나, 부동산·교통 이슈의 타이밍에 예민하다. 입주·착공·개통
의 달력이 선거 직전 분기에 몰리면 인식이 과대 반영된다. 반대로 지연 소
식이 겹치면 생활 성과가 쌓였더라도 즉시 훼손된다. 후보가 '운영'의 언어
로 리스크를 설명하고, 단계별 대안과 임시 조치를 투명하게 내놓아야 하
는 이유가 여기에 있다.

생각해보기: 기초의원은 겸직이 가능하다

기초의원은 일정한 제한 속에서 겸직을 할 수 있다. 우리나라 기초의회는 본래 '생활 정치'의 현장이라는 전제 위에 서 있다. 동네 도로, 쓰레기, 어린이집, 재난 대응 같은 의제를 빠르게 챙기려면 지역의 일을 잘 아는 사람들이 의회에 들어와야 한다는 취지다.

첫 지방의회가 부활하던 초창기에는 '명예직'에 가까웠고 수당도 제한적이어서 직업을 유지한 채 의정에 참여하는 모델이 자연스럽게 자리 잡았다. 시간이 흐르며 의정비와 활동이 늘고 상임위 중심의 상시 활동이 넓어졌지만, 기초의원은 지금도 '전업 정치인'과 '시민 대표' 사이 어딘가에 놓인다. 이 역사적 경로가 겸직 허용의 배경이라 본다.

겸직이 왜 필요할까? 두 가지 이유 때문이다. 하나는 전문성이다. 보육 시설을 운영해본 사람, 건설 현장을 아는 사람, 마을 기업을 굴려본 사람이 들어오면 현장의 언어가 의회로 바로 전달된다. 다른 하나는 대표성이다. 직업과 세대, 생활권이 다른 사람들이 함께 앉을 때 의제의 스펙트럼이 넓어진다.

완전 전업 구조로 바꾸면 '정치 경력자' 쏠림이 심해지고 생활의 결이 빠질 수 있다는 우려가 꾸준히 나온다. 비용 문제도 현실적이다. 전국의 모든 기초의원을 상근 전업으로 바꾸면 재정 부담이 커진다. 그래서 우리 제도는 '겸직을 원칙적으로 허용하되, 이해 충돌을 강하게 틀어막는' 쪽을 선택해왔다고 정리할 수 있다.

물론 아무 일이나 겸직할 수 있는 건 아니다. 공공기관 임원처럼 권한 충돌이 명백한 자리, 해당 지자체와 계약 관계에 있는 영리법인의 지위, 의원 본인의 직무와 직접 연관된 영리 활동은 금지되거나 엄격히 제한된다. 겸직을 신고하고 이해 충돌 우려를 미리 점검하도록 하는 절차도 마련되어 있다. 회의 출석 의무와 상임위 활동, 예산 심사 같은 핵심 책무를 해치면 제재가 뒤따른다. 요지는 간단하다. 겸직의 자유보다 업무 충돌 방지와 투명성이 우선이라는 원칙이다.

겸직의 빛이 있으면 그림자도 있다. 첫째, 시간의 문제다. 민원과 조례 검토, 예산 심사만으로도 일정이 빠듯한데 생업까지 병행하면 체력이 먼저 바닥난다. 둘째, 이해 충돌의 회색지대다. 법으로 금지된 직접 충돌은 걸러낼 수 있어도, 업계 이해와 지역 현안이 교차하는 지점에서는 미세한 유불리 논란이 자주 생긴다. 셋째, 책임의 명확성이다. 소관 상임위 현안에서 빠졌다는 비판이 쌓이면 '반쪽 의정'이라는 낙인이 남는다. 그래서 겸직을 유지하려면 회의 출석과 자료 공개, 이해관계 신고, 표결 참여 내역을 더 세밀하게 드러내는 투명성이 따라붙어야 한다.

현장에서 특히 논란이 컸던 사례중 하나는 병역과 관련된 문제다. 젊은 후보가 기초의원에 당선된 뒤 군에 입대하여 의정 공백이 생긴 적이 있다. 당선 자체는 유효하지만, 병역법과 지방자치 관련 규정 사이에서 '직무 수행 불가' 기간이 길어지면 의정 공백과 의정비 지급 논란이 동시에 터진다. 주민 입장에서는 보궐을 치르자니 비용이 부담이고, 공석으로 두자니 대표성에 구멍이 난다.

제도는 대략 이런 길을 제시한다. 장기간 미출석하면 수당 감액과 징계절차가 가능하고, 일정 요건을 넘으면 제명과 보궐로 연결된다. 하지만 제도만으로는 불신을 완전히 지우기 어렵다. 그래서 몇 가지 실무적 개선이 필요하다. 후보자 단계에서 병역 계획을 명확히 고지하도록 하고, 입대 예정 기간에 대한 대체 운영 방안을 공약에 담게 하는 방법이 있다. 의회 차원에서는 업무 연속성을 위해 지역구 현안의 인수인계 표준을 마련하고, 장기 공백 시 자동 보궐을 촉발하는 명확한 기준을 세우면 논란이 줄어든다. 의정비 역시 출석·성과와 연동하는 방식을 더 촘촘히 적용하면 시민의 눈높이에 가까워진다.

결국 핵심은 균형이다. 겸직의 장점인 전문성과 대표성을 살리면서, 책임성과 청렴성을 잃지 않는 장치를 얼마나 정교하게 돌리느냐다. 겸직 신고와 이해 충돌 심사를 형식적이 아니라 실질적으로 운영하고, 표결과 발언 기록, 외부 강의·자문 수입을 분기별로 공개하면 투명성은 빠르게 올라간다. 상임위별로 '근무 시간표'를 상시 공표해 민원 대응 시간을 보장하는 것도 신뢰에 도움이 된다. 더 나아가 지역에 따라 '선택형 상근제'를 시범 도입해 전업을 택한 의원에겐 더 높은 책임과 평가를, 겸직 의원에겐 더 강한 투명성과 출석 기준을 적용하는 방식도 검토할 만하다.

겸직을 금과옥조로 지키자는 방안도, 전면 금지하자는 방안도 현실의 답은 아니다. 동네의 삶을 잘 아는 시민이 의회로 들어올 문을 넓혀두되, 그 문턱에 '이해 충돌 차단'과 '시간을 지키는 성실'을 굳게 세우는 일. 기초의원 겸직을 둘러싼 논쟁은 결국 여기로 돌아온다. 유권자에게도 한 가지 부탁을 남긴다. 표를 던질 때 후보의 직업만 볼 게 아니라, 겸직 계획과 일정, 이해 충돌 관리 계획까지 함께 묻자. 후보가 달력과 기준으로 답할 때, 겸직은 문제의 씨앗이 아니라 의회의 다양성을 지탱하는 기둥이 된다.

PART 6

보수의 심장, 대구

사방을 산이 감싸 분지의 숨을 쉬는 곳, 대구다. 여름이면 더위가 골목을 붙잡고 놓아주지 않아 '대프리카'라는 별명이 따라붙고, 겨울에는 북서풍이 산맥에 걸려 차갑고 건조한 바람이 매섭게 분다. 바람길이 막힌 지형은 생활의 시간표를 바꿔놓는다. 낮에는 시민들이 지하상가와 백화점, 카페로 숨어들고, 밤이 돼서야 거리의 온도가 떨어지면 장이 선다.

도시는 늘 기후만으로 설명되지 않는다. 대구의 표심을 만든 건 산업과 역사, 인물의 기억이 한데 엮인 결과다. 섬유 도시로 성장한 1960~1970년대에는 도심의 직조기와 염색 공장이 한국 수출의 앞자리를 지키며 중산층을 키웠다. 자체 상권과 교육·의료 인프라가 촘촘해 '자기 힘으로 버틴다'라는 자부심이 굳어졌고, 질서와 근면, 절약을 중시하는 생활 감수성이 넓게 퍼졌다. 국책사업과 관료 인사에서 영남권, 특히 대구·경북 인맥이 두드러졌던 시절의 경험도 지역 정체성을 강화했다. 이런 토양은 중앙 정치의 거센 바람에도 쉽게 흔들리지 않는 보수 성향으로 이어졌다.

정치사의 굵직한 이름들이 대구에 남긴 각인은 더욱 깊다. 박정희가 상징하는 산업화는 지금도 공단의 기억과 겹쳐 읽힌다. 경북 구미 출신이지만 대구·경북 전체에 남긴 '성장'의 서사는 오랫동안 지역 자존심을 지탱했다. 노태우는 대구 태생의 첫 대통령으로서 지역 인맥 정치의 전형과 한계를 동시에 보여줬다. 박근혜는 대구 달성에서 국회를 거쳐 청와대로 향했고, 한동안 대구는 '정권의 심장'이라는 자의식으로 뜨겁게 끓었다. 산업화 세대에게 이 이름들은 '성장'과 '안정'이라는 키워드로 저장돼 있다. 세대가 바뀌면서 평가가 복잡해졌지만, 지역의 장기 기억 속 중심축이었던 사실은 부정하기 어렵다.

보수의 성채라는 이미지는 민주화 이후에도 강화됐다. 1980~1990년대, 호남과 영남의 지역 구도가 날카롭게 갈릴 때 대구는 '정권 안정'이라는 선택을 반복했다. 지역 대학과 언론, 상공회의소·의사회·변호사회 같은 직능 조직의 네트워크가 촘촘하게 묶였고, 지방 정치와 중앙 정치가 같은 색으로 정렬되는 기간이 길어졌다. 공직 인사와 예산 배분에서 '핫라인'의 효용을 체감했던 경험이 누적되면서 '중앙과 가까운 쪽'에 표를 모으는 습관도 생겼다. 무엇보다 중소 제조업과 자영업이 두터운 경제구조가 규제 완화·세제 안정 같은 보수 정책에 우호적인 여론을 유지하게 했다.

그렇다고 대구가 보수 일색의 도시라는 뜻은 아니다. 뜨거운 기후만큼 내부 온도 차도 크다. 서문시장 화재를 겪은 상인들의 복구 경험, 지하철 참사 이후 안전 문화가 체질로 스민 과정, 침산·수성·달서 등 생활권마다 다른 교육·주거·교통 의제는 한 가지 언어로 묶기 어렵다. 최근에는 의료·메디시티 산업, 로봇·미래 차 부품, 물류 거점 경쟁 같은 새 축이 부상한다.

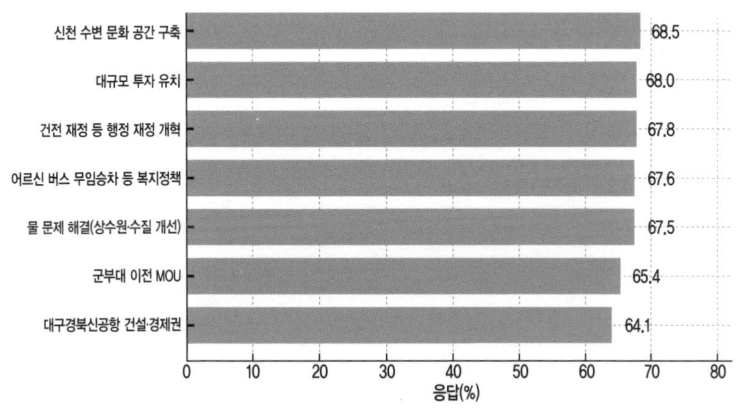

대구 시민이 긍정 평가한 중점 사업
출처: 대구시 시정 전반 여론조사(2025년 1월 공개, 민선 8기 중점 사업 평가 항목)

젊은 층의 문화 소비와 스타트업 생태계도 천천히 뿌리를 내린다. 대구의 표심은 보수가 우세하더라도, 후보가 내미는 해법은 '전통'과 '전환'을 함께 담아야 설득력이 생긴다.

전직 대통령들이 대구에 남긴 의미를 더 살펴보면, 이 도시는 '국가 이야기'의 무대였다. 박정희의 상징은 산업화의 빛과 그림자를 동시에 불러왔고, 노태우는 6·29 선언과 3당 합당의 기억 속에서 변증법적 평가를 받았다. 박근혜는 탄핵의 소용돌이 이후에도 지역사회에 복잡한 감정을 남겼다.

그사이 대구는 '권력의 기억'에 기대기보다 '생활의 체감'으로 돌아오는 훈련을 했다. 지하철과 안전, 병원과 돌봄, 도로와 바람길 같은 문제에서 '정권과 가까운 거리'보다 '시정 실행'을 보겠다는 태도다. 보수 성향이 굳건하더라도 후보의 성적표는 생활에서 채점한다는 말이 여기서 나온다. 대구 유권자는 늘 같은 질문을 던진다. 시간을 줄이고, 위험을 낮추고, 기회를 넓힐 수 있는가. 그 답을 가장 잘 설명하는 쪽이 대구에서 힘을 얻는다.

지난 대구시장의 정책과 공약이행률 분석하기

지하철 플랫폼의 더운 공기, 서문시장 복구 현장의 분주함, 공항 이전 설명회장의 팽팽한 긴장. 지난 10년 대구시정의 공약과 정책은 이런 장면들 속에서 채점됐다. 생활형 과제는 시청이 직접 설계하고 집행해 속도를 냈고, 국가 결정이 필요한 초대형 의제는 절차의 강을 건너느라 시간이 늘어졌다. 권영진의 두 번의 임기와 홍준표의 현재 임기를 차분히 살펴보면 이행의 결이 드러난다.

　권영진 시절의 초반 기록은 도시의 기초 체력을 다지는 데 집중했다는 평가가 많다. 지하철 3호선이 일상에 안착하고, 메디시티·물 산업·로봇·미래 차 같은 신산업 간판이 도시 곳곳에 걸렸다. 서문시장 화재 이후 복구와 상권 회복, 도심 보행·안전 개선 같은 생활형 과제가 일정표대로 진행돼 체감도가 높았다. EXCO 확장과 대구시청 신청사 이전 준비, 대구권 광역철도 체계 손질 역시 시가 주도한 영역에서 가시적인 진전을 만들었다. 반면 취수원 다변화, 군 공항 이전, 광역 교통망 대형 프로젝트처럼 중앙정부와 얽힌 의제는 협의·예비 타당성 조사·법령 단계가 길어져 '진행 중'이란 문장이 두껍게 남았다. 요약하면 생활·도심형 공약은 상당수 완료, 국가 의존형 공약은 단계 이행으로 정리된다.

　두 번째 임기에 들어선 경제 회복과 산업 전환을 전면에 올렸다. 노후 산업단지 재생, 스타트업·스마트공장 보급, 지역 대학과의 연계 프로그램 같은 '사다리 놓기' 공약들이 굵게 배치됐다. 대중교통에서는 환승 품질을 손보고, 혼잡 구간의 병목을 줄이려는 세부 조치가 이어졌다. 그럼에도 불구하고 여러 초대형 과제가 발목을 잡았다. 통합 신공항과 군 공항 이전 로드맵, 취수원 문제와 관련한 정치·환경 갈등, 광역철도 노선 조정 등은 끝까지 '협의·조정'이란 문구를 달고 움직였다. 이행률이 낮아서라기보다, 완료의 기준을 '착수'가 아닌 '운영'으로 잡을수록 미완으로 남을 수밖에 없는 성격의 공약들이었다.

　배턴을 넘겨받은 홍준표의 시간은 다른 톤을 택했다. 재정의 건전성을 강조하고, 대형 간판보다 당장 체감되는 정비·유지·운영을 묵직하게 밀어붙이는 방식이다. 시청 신청사 이전, 도심 순환·환승 동선 정리, 대중교통

준법 배차와 심야 안전, 공원·수변 관리의 품질을 끌어올리는 과제가 분기 단위 성과로 쌓였다. 기업 유치에서도 '원스톱' 접근과 산업단지 인프라 정비를 묶어 현장의 시간을 줄이려는 시도가 눈에 띈다. 다만 통합 신공항, 군 공항 이전, 취수원 대체, 광역철도 확충 같은 대형 의제는 여전히 국가의 절차와 지역 간 조정이라는 파고를 지나야 한다. 비전의 문장을 생활의 장면으로 번역하는 데 성공한 항목은 호평을 받지만, 절차형 과제는 작은 변수에도 여론이 급변한다. 이 구간에서 공약 이행에 관한 신뢰는 단계별 목표와 리스크 공개가 좌우한다.

지난 10년의 성과와 한계가 남긴 숙제도 분명하다. 첫째, 더위와 안전에 대한 과제를 생활에서 끝까지 풀어야 한다. 그늘·냉방·물길 같은 미시 정책부터 열섬 완화와 바람길 조성 같은 중장기까지 끈을 놓지 말아야 한다. 둘째, 산업 전환의 속도를 사람과 연결해야 한다. 자동화·스마트화 투자와 함께 재교육·재배치의 생활 안전망을 촘촘히 설계하지 않으면 시민들의 체감과 엇박자를 낸다. 셋째, 대형 의제는 '공유하는 시간표'가 해법이다. 여러 정권과 선거를 건너는 과제일수록 이정표와 책임 주체, 예산의 우선순위를 시민과 공유해야 바람에 덜 흔들린다.

대구에 필요한 정책 알아보기

여름 땡볕에 아지랑이가 아스팔트를 흔들면 대구의 지도가 다르게 보인다. 수성구의 학군과 상권, 비싼 전세와 대출, 북·서부권의 미분양과 공실,

달성·달서의 산업단지와 주거지 사이 뜨문뜨문한 생활 인프라가 동시에 떠오른다. 같은 도시 안에 두 개의 시간표가 달린다. 한쪽은 경쟁과 과열, 다른 쪽은 정체와 이탈이다. 그래서 대구의 처방은 늘 '균형'에서 출발한다. 교육·주거·일자리·교통을 하나씩 따로 손보는 게 아니라, 같은 방향으로 묶어 당겨야 효과가 난다.

교육열이 높아 생긴 주거 양극화부터 직면해야 한다. 학군 쏠림이 집값을 끌어올리고 나머지 동네의 매력을 깎아먹는 구조를 바꾸려면, 학교의 질만 보고 이사하지 않아도 되는 도시를 만들어야 한다. 고교학점제와 지역 대학·마이스터고·산업체 연계 과정을 동 단위로 촘촘히 깔고, 방과 후·야간 돌봄과 공공 도서관·체육시설을 '학군 외' 지역에 먼저 넣는다. 학급당 학생 수 감축, 노후 학교 리모델링을 재개발 선투입 원칙으로 묶으면 학부모의 불안이 줄어든다. 이런 생활 품질이 보장되면 '집값이 곧 교육'이라는 등식이 느슨해지고, 과열 지역의 과도한 프리미엄도 자연히 식는다.

미분양이 적체된 지역은 '가격 인하'라는 단기 처방으로는 안 풀린다. 입주 전에 어린이집·보건소·작은 도서관·근린 공원·생활체육 같은 생활 SOC를 먼저 넣고, 근거리 일자리를 동시에 끌어와야 살림이 돈다. 산업단지와 주거지 사이에는 통근 셔틀과 직결형 버스, 자전거 연결로를 깔아 출퇴근하는 시민의 체력을 아껴줘야 한다.

상권은 공실 상가를 청년 임대 상가·공방·공유 주방으로 전환하는 상시 프로그램으로 살린다. 임대료는 계단형으로 올리되, 창업 1~2년 차의 리스크를 낮추는 '도시형 보증'과 멘토링·회계·법률 지원을 붙인다. 소규모 리모델링에는 안전·단열·환기를 묶은 표준 공법을 보급해 공사비를 낮추면, 낡은 다세대의 체감 품질이 빨리 올라간다.

젊은 층을 붙잡는 일은 굉장히 시급하다. 대구가 가진 '제조의 손기술'과 '의료·메디시티'의 강점을 새 일자리로 번역해야 한다. 로봇·자동화·센서·공조 같은 공정 고도화 분야를 지역 주력 업종과 프로젝트로 묶고, 김천·경산과의 분업을 명확히 나눈다. 이를테면 경산의 부품 가공, 김천의 철도·모터, 대구의 로봇·공조·의료 기기 조립과 검사를 하나의 공급망으로 설계한다. 대학·연구소와 기업이 함께 운영하는 코업·현장 실습을 학기 단위로 확대해 졸업 직전 '첫 월급'을 대구에서 받게 한다. 공공 조달 규칙을 손봐 신생 기업이 소규모 납품부터 시작할 수 있게 하되, 납품 품질·납기 성적을 데이터로 공개해 '경험이 실력으로 인정받는' 사다리를 만든다.

스타트업의 허점도 메워야 한다. 값싼 공간과 공용 장비, 규제 안내를 한 번에 해결해주는 원스톱 창구가 실력이다. 장비는 밤과 주말에도 개방하고, 이용료는 사용량 기반으로 세분화한다. 보조금은 간판보다 '고용 지속'과 '매출 전환' 중심으로 설계해 생존 곡선을 지켜본다.

문화·콘텐츠 생태계 역시 일자리다. 소극장·라이브 클럽·메이커 스페이스의 대관료, 장비, 스태프 인건비를 지원하고, 지역 페스티벌 뒤에 남는 인프라를 생활 프로그램으로 전환하면 청년의 저녁이 대구에 남는다. 도심 거점에 야간 공공 서비스(도서관·체육·상담)를 늘려 교대 노동자·프리랜서의 생활과 맞물리게 한다.

교통은 균형 정책의 토대다. 환승 품질을 올리면 집과 일터의 거리가 심리적으로 가까워진다. 대구권 광역철도·도시철도의 교차역에선 수직·수평 동선을 짧게 정리하고, 열차 도착과 버스 출발 사이의 오차를 줄인다. 통근 축에는 급행버스 차로와 신호 우선권을 확충하고, 산업도로와 생활도로를 분리해 화물차 동선을 정리한다. 심야 시간은 안전이 우선이다. 주요 환승 센터마다 여성·청소년 안심 귀가 경로, 택시 대기선 정리, CCTV 사각지대 해소를 위해 상시 관리한다. 자전거·퍼스널 모빌리티는 끊긴 구간을 잇는 데 집중한다. 금호강·신천 수변과 교량 접근부, 산업단지-주거지 사이 2~3 킬로미터 구간을 매끈하게 연결하면 단거리 이동의 체질이 바뀐다.

대구는 잠재력이 크다. 김천의 철도·모터, 경산의 부품 가공과 대학, 구미·영천의 전자·소재, 달성의 국가산업단지가 1시간 안에 이어진다. 이 권역을 하나의 생활권으로 묶어 '연구-실증-양산-수출'을 지역 내부에서 닫으면 일자리가 도시에 머무른다. 그렇게 시간을 줄이고, 위험을 낮추고, 기회를 넓히는 설계를 생활의 장면으로 보여주는 것. 그게 대구가 다시 젊어지는 가장 빠른 길이다. 집값이 안정되고 미분양이 줄고 밤의 불이 켜지는 순간, 떠났던 청년이 돌아올 이유가 생긴다. 대구의 표도 그 장면을 보면 움직인다. 생활이 바뀌는 정책, 균형을 회복하는 도시를 완성하면 대구의 다음 10년은 달라진다.

대구시장에 어떤 사람이 출마할까

달구벌의 선거판은 늘 공천이 반쯤 결과를 말해준다. 대구에선 예선이 곧 본선과 겹쳐 보이고, 조직력과 인맥, 지역 보수 유권자의 신뢰가 한데 얽힌다. 이번에도 흐름은 비슷해 보인다. 국민의힘 간판을 누구에게 쥐여주느

나가 승부의 큰 방향을 정한다.

김재원 국민의힘 최고위원은 보수 지지층 결집에 강하다. 전투적인 메시지와 방송 대응, 당내 네트워크를 통해 화제를 만드는 능력이 있다. 여의도 감각과 전국 단위 인지도도 장점으로 작동한다. 반면 대구시정의 기계실을 다룰 준비가 충분한지 의문이 따라붙는다. 공항 이전과 물 관리, 산업단지 재생, 교통 환승 품질 향상 같은 생활형 과제를 예산과 절차로 풀어낼 설계 능력을 증명해야 한다.

김부겸 전 국무총리는 대구판에서 보기 드문 확장형 카드다. 지역을 잘 아는 온건한 리더십, 국무총리와 장관을 거치며 쌓은 중앙 네트워크, 갈등을 낮추는 조정력이 강점이다. 보수 성향이 두터운 대구에서 유의미한 득표를 다시 만들어내면 그 자체가 전국 정치의 메시지가 된다. 당선까지 간다면 차기 대선판에서 중도 확장과 통합의 얼굴로 재부상할 가능성이 크다. 다만 더불어민주당 간판의 역풍과 진영 고착이 여전한 지역성은 넘어야 할 산이다.

유영하 국민의힘 의원은 법률가 출신의 치밀함과 조직 관리 능력이 강점이다. 지역 내 보수 네트워크, 당내 실무 라인과의 소통에서도 안정감을 준다. 행정 경험이 상대적으로 얕다는 약점은 분명하지만, 부시장급 실무형 러닝메이트와 초기 100일 실행 번들을 선제 공개하면 보완할 수 있다. 메시지는 공격보다 운영에 방점을 찍는 편이 유리하다. 취수원과 공항, 광역 교통 같은 절차형 과제를 단계별로 나누고 리스크 관리안을 함께 내면 중도층의 신뢰가 붙는다.

이진숙 전 방송통신위원장은 보수층에서 인지도가 높고, 전면전형 메시지로 파고드는 힘이 있다. 다만 대구의 표심은 구호보다 운영에 반응한다. 방송·미디어 이슈를 지역 행정 언어로 번역할 수 있느냐가 관건인데, 행정 실무와 생활형 어젠다의 설득력이 부족하면 외연 확장은 제한적이다.

전한길 전 한국사 강사는 강의로 쌓은 인지도와 보수 지지층 동원력이라는 장점이 있다. 그러나 시정 운영의 경험과 정책 설계 검증이 부족하다는 약점이 뚜렷하다. 교육과 청년 정책 일부에서 메시지를 만들 수는 있으나, 공항 이전과 산업 전환 같은 대형 과제에서 신뢰를 얻으려면 팀 구성의 힘을 빌려야 한다.

결국 이번 대구시장 레이스의 초점은 공천 경쟁 그 자체다. 보수의 핵심은 일감과 속도를, 중도와 청년은 품질과 안전을 먼저 본다. 김재원은 강한 결집력을 운영 설계로 보완할 때 확장력이 생기고, 김부겸은 생활 체감과 재정 타당성을 앞세워 보수 중도 장벽을 깎아야 길이 열린다. 유영하는 실무형 카드와 결합해 행정에 관한 신뢰를 확보할 때 안정감이 살아난다. 이진숙과 전한길은 강성 지지층의 스피커로는 유효하지만, 도심 전체를 설득할 서사는 더 필요하다.

대구 표심의 결론은 늘 비슷하다. 시간을 줄이고 위험을 낮추며 기회를 넓히는 계획을 누구의 언어로, 얼마나 구체적으로, 언제까지 보여주느냐. 그 답을 먼저 꺼내는 사람에게 공천장이 기울면 본선도 자연히 따라간다.

경북도지사에 어떤 사람이 출마할까

경북도지사 선거에서는 산업도시의 속도와 내륙의 생활이 한 장에 포개지고, 광역 행정의 실무와 중앙 정치의 힘겨루기가 곧바로 표심으로 번역된다. 이번 도지사 선거판은 국민의힘 예선이 본선을 규정하는 구조가 유력하고, 진보 진영의 도전이 얼마나 파문을 일으킬지가 다음 순서라 본다. 이름을 올리는 인물들은 이철우 경북도지사, 주호영 국회부의장, 추경호 전 국민의힘 원내대표, 그리고 홍의락 전 국회의원이다.

이철우 경북도지사는 그동안 축적한 광역 행정 경험이 강점이라 한다. 산업단지 재정비, 농산어촌 생활 인프라, 문화·관광 자원의 연결 같은 과제를 절차와 일정으로 밀어붙인 경험이 길다. 도와 시·군의 예산 배분과 중앙 부처 협의의 결을 잘 알기에, 지역 현안의 우선순위를 분명히 잡는 편이다. 재선 도전이라면 연속성 카드가 설득력을 갖는다. 다만 익숙함이 관성으로 보이는 순간 위험이 커진다. 인구 소멸 대응, 청년 정착, 디지털 전환 같은 새 과제를 기존 방식으로만 다루면 신선도가 떨어진다.

주호영 국회부의장은 온건한 조정력과 국회 네트워크가 자산이라 본다. 예산과 법안의 관문을 오래 드나든 만큼, 국비 확보와 규제 정비에서 체감 효과를 낼 잠재력이 크다. 언어의 온도가 낮아 지역 갈등을 다루기에도 무리가 적다. 반대로 광역 행정의 기계실을 직접 굴려본 경험은 상대적으로 얕다. 도정은 사람과 절차, 예산이 맞물린 운영의 영역이다. 초반 인선 원칙과 산하기관 관리, 100일 실행 번들을 분명히 제시하지 못하면 '정무는 강하지만 현장 운전은 미지수'라는 의문이 남는다. 국회식 화법을 생활의 문장으로 바꾸는 숙제가 우선이라 한다.

추경호 전 원내대표는 경제·재정에 밝은 실무형 카드다. 물가와 세제, 기업 투자와 규제 완화의 언어를 현장에서 바로 쓰는 사람이기에, 첨단산업 유치와 기존 주력업의 고도화에서 단단함을 보일 수 있다. 중앙 라인과의 핫라인도 강점이다. 다만 지역 생활 이슈를 재정에 기반한 논리로만 설명하면 반발이 생긴다. 농산어촌 보건·돌봄, 낙후 생활권의 교통·교육, 문화 기반의 미세한 격차를 감수성 있게 다루지 못하면 '경제는 든든하나 삶의 결이 거칠다'라는 평가가 따라붙는다.

홍의락 전 국회의원은 진보 세력의 유의미한 산업과 혁신 생태계의 '현장 번역가'로 통한다. 대구 경제부시장 시절의 경험까지 합치면, 중소기업의 공정 개선과 인력 재교육, 산학 협력 프로젝트 운영에 강점을 가진다. 경북 북부와 동해안에 필요한 일자리의 결을 비교적 구체적으로 그릴 수 있는 인물이다. 다만 진보 진영의 조직력과 득표 기반이 약한 경북에서 외연 확장이 쉽지 않다.

경북은 여전히 넓다. 포항의 이차전지와 구미의 전자, 경산의 부품 가공, 영천의 항공·우주, 울릉·영덕의 바다, 안동·예천의 농생명까지 생활권이 다층적이다. 공통분모는 시간과 안전, 기회다. 통근과 물류에 필요한 시간을 줄이고, 병원과 소방의 안전망을 촘촘히 하고, 청년의 첫 월급과 첫 집까지 이어지는 사다리를 만드는 일. 이번 선거는 그 사다리를 누가 더 현실적으로, 더 빠르게, 더 고르게 놓을 수 있는지를 뽑는 절차라 한다. 공약은 결국 하루의 풍경으로 증명된다. 그 풍경을 먼저 보여주는 사람이 경북에서 앞선다.

압도적인 대구의 표심을 얻을 수 있을까

달구벌은 표심이 누구 손을 들어줄지 감이 오는 도시다. 그렇다고 선거가 의미 없다는 뜻은 아니다. 대구에서의 승부는 당락이 아니라 크기에서 갈린다. 투표율이 어디에 머무느냐, 진보가 얼마나 건져 올리느냐는 두 개의 눈금이 다음 판을 예고한다.

투표율은 온도계다. 높게 나오면 조직 동원과 생활 이슈가 제대로 작동했다는 뜻이고, 낮게 떨어지면 정치에 대한 피로와 무관심이 굳세졌다는 신호다. 국민의힘이 이긴다 해도 들썩임 없는 낮은 리턴값이 반복되면 총선과 대선에서 동원력이 무뎌질 수 있다. 교회·시장·동문 네트워크, 직능단체의 결속 같은 전통의 힘도 투표장에 가는 발걸음이 있어야 의미가 산다.

진보 득표율은 풍향계다. 의미 있는 숫자가 찍히면 여러 메시지가 함께 묻어난다. 대통령 국정에 대한 지지의 반사, 지역 보수 정치에 대한 피곤함, 해결되지 않는 생활 이슈에 대한 무언의 경고. 대구에서 진보의 득표가 일정 수준을 넘을 때마다 중앙 정치의 언어가 달라졌다. 톤이 낮아지고, 타협과 협치가 등장했다. 보수 내부에서도 인사와 공천, 메시지의 결을 바꾸는 계기가 되었다. 결과는 같아도 표의 구성은 다음 판을 흔드는 법이다.

보수 내부의 과제도 분명하다. 압승을 당연시하는 순간, 후보 경쟁은 공천대로 수렴하고 정책 경쟁은 약해진다. 그 틈에서 투표율이 떨어진다. 그래서 운영의 성적표를 분기마다 꺼내 보이는 것이 중요하다. 환승 센터 혼잡지수, 심야 안전, 산업도로·생활도로 분리, 바람길·그늘막 유지 같은 지표가 곧 동원력의 연료다. '이겼으니 됐다'는 순간 다음 판에서 경고등이 켜진다.

대구에서 국민의힘이 이길 가능성은 높다. 관건은 얼마나 크게 이기느냐, 그리고 진보가 어느 정도의 점유율을 확보하느냐다. 낮은 투표율은 보수에 경고장이 되고, 진보의 유의미한 득표는 중앙 정치의 문법을 바꿔놓는다. 이번에도 그 미세한 차이가 다음 선거의 크고 작은 파문을 만든다. 대구는 늘 그렇게 정치를 움직여왔다.

경북의 주목할 지역, 안동

안동은 고택의 서늘한 기둥과 유네스코 세계문화유산에 오른 하회마을의 굽이, 탈춤의 북장단이 어우러진다. 문화의 수도라는 자의식이 강하고, 농업과 공공 서비스가 생활의 체온을 지키는 도시다. 정치의 습관은 경북의 다른 지역과 크게 다르지 않아서, 지난 선거에서도 보수의 체력이 굳건했다. 이재명 대통령의 고향이라는 상징이 있었지만 표의 지형을 단숨에 바꾸지는 못했다.

질문은 간단하다. 대통령 지지율이 높아진 국면에서 안동이 이변을 만들 수 있을까. 가능성의 문은 열려 있다. 고향 프리미엄이 표로 번역되는 경로는 두 갈래로 나뉜다. 중앙의 바람이 지역 생활의 손익과 포개지는 순간, 그리고 지역 어젠다를 고향 서사의 언어로 묶는 순간이다. 이 두 장면이 겹치면 보수의 단단한 기반 위에서도 균열이 생긴다.

생활의 손익을 먼저 본다. 중앙선 복선 전철화로 서울까지 가는 시간이 단축된 뒤 안동의 체감이 확 달라졌다. 관광과 교육·의료 접근의 품질이 올라가고, 청년의 왕복 동선이 쉬워졌다. 여기에 대구·경북 신공항이 개장 단계로 들어서면 북부권의 물류와 관광 동선이 또 한 번 바뀐다. 길이 열릴수록 표는 실용으로 움직인다. 농산물·전통 식품의 콜드체인, 한옥 호텔·체류형 숙박, 의료·돌봄 네트워크의 확장 같은 '즉시 이득'이 보이면 정당의 간판이 희미해진다. 대통령 국정이 민생에 닿는 장면을 안동에서 먼저 보여주면 바람은 더 빨리 스민다.

안동 고유의 의제를 덧붙이면 흐름은 선명해진다. 하회마을-병산서원-도산서원-임청각으로 이어지는 역사 자산은 전국에서 보기 드문 밀도를 자랑한다. 축제 한 번으로 끝나는 관광이 아니라, 체류형 콘텐츠와 교육 연수를 묶어 일자리와 소득을 남기려면 공공과 민간의 정교한 설계가 필요하다. 원도심의 빈 점포를 인문·예술·장인 거점으로 상시 전환하고, 전통주·장류·한지·목공 같은 지역 업종의 현대화에 디자인·수출·안전기준을 연결해야 한다. 이런 과제에서 국비를 얼마나 당겨오느냐, 규제를 어떻게 현실화하느냐가 표심의 바로미터다.

보수의 관성도 변수가 된다. 안동의 표는 '안정'과 '체면'의 기억을 갖고 있다. 공무원, 교직, 의료, 농업의 네트워크가 골고루 배어 있는 만큼, 과격한 프레임보다 운영의 품질을 본다. 도로, 상수도, 농로, 배수, 응급의료, 소방의 성적표가 괜찮으면 표는 쉽게 흔들리지 않는다. 그래서 이변의 전제조건은 '생활 속의 설득'이다. 중앙의 메시지를 덜어내고 안동의 하루를 바꾸는 지표를 먼저 쌓아야 한다. 환승 센터 혼잡, 응급실 대기, 노후 주택 개보수, 농산물 선별·저장 고도화 같은 항목에서 숫자와 일정으로 답하면 보수층의 경계도 낮아진다.

　이재명 대통령의 높은 지지율이 길게 유지되고, 중앙의 성과가 안동의 생활로 번역되는 사례가 쌓이면, 이번 지방선거에서 이변의 문턱은 분명 낮아진다. 시장·도의원·시의원 중 최소 한 축에서 경합 구도가 만들어질 가능성이 커진다. 반대로 생활 설계가 느슨하고 중앙과 지역의 언어가 따로 놀면 상징은 상징으로 남는다. 안동은 정치의 구호보다 생활의 증거에 표를 준다. 낙동강의 물처럼 느리지만 분명하게 흐르는 표심이다. 이번에도 같은 질문이 유효하다. 시간을 줄이고, 위험을 낮추고, 기회를 넓히는가. 이 문장에 먼저, 더 구체적으로, 더 안동답게 답하는 쪽이 이변의 주인공이 된다.

지역 갈등을 설명할 때 연도와 장소를 먼저 세워두면 길이 보인다. 전라도의 정치 성향이 지금처럼 굳어진 건 어제오늘의 일이 아니다. 개발독재 시절에 산업 입지와 예산 배분이 영남에 쏠린 경험이 누적됐고, 야당 지도자에 대한 탄압이 반복되면서 '권력은 멀고 차별은 가깝다'라는 인식이 깊어졌다. 더 거슬러 올라가면 이승만 시기부터 호남은 야당 기반이 두텁고, 4월 혁명 이후에도 권위주의에 비판적인 여론이 강했던 곳이다. 흔히 말하듯 호남이 일관되게 보수 정권을 지지했다는 설명은 역사 기록과 어긋난다. 그 오해부터 바로잡아야 다음 문장이 정확해진다.

무엇보다 1980년 5월 광주가 분수령이었다. 정확한 날짜는 5월 18일이다. 해방일인 8월 15일과 혼동되곤 하지만, 광주의 비극은 전두환 신군부가 비상계엄을 전국으로 확대하고 대학을 휴교 조치한 직후 벌어진 사건에서 시작한다. 5월 18일 아침 전남대학교 정문 앞에서 학생들의 소규모 시위가 시작되고, 공수부대의 강경 진압이 이어지면서 도심으로 번진다. 시민들은 매질당한 학생을 감싸며 사태에 끼어들고, '계엄 해제'와 '정치인 석방'을 요구하는 목소리가 커진다. 5월 21일 집단 발포가 일어나고, 광주는 사실상 외부와 단절된 '고립의 도시'가 된다. 시민수습대책위와 계엄군 사이 협상 시도가 있었지만 신뢰가 깨지며 5월 27일 새벽 강제 진입으로 비극이 닫힌다. 광주의 시간은 길지 않았지만, 지역의 기억에 남긴 무게는 지금도 현재형으로 흐른다.

왜 하필 광주였느냐는 질문에는 몇 갈래의 답이 겹친다. 먼저 대학가에 축적된 저항의 맥락이 있다. 1970년대 후반 유신 말기의 긴 침묵 속에서도 전남대학교·조선대학교를 포함한 호남권 대학에서 독재 반대와 인권 회복을 외치는 움직임이 끊기지 않았다. 1979년 부산과 마산에서 일어난 부마항쟁의 잔광이 남아 있었고, 그 기운이 광주 학생들 사이에서 다시 타올랐다. 다음으로 지역의 상징 인물이 얽혔다. 야당 정치인 김대중이 호남을 중심으로 큰 지지를 받았고, 신군부가 그를 구속한 사건이 지역 민심에 불을 붙였다. 지역 정체성과 민주화 요구가 한자리에 포개지며 '이 일을 남의 일로 넘길 수 없다'라는 정서가 확산됐다. 마지막으로 계엄군의 과잉 진압이 분노를 가속했다. 공수부대의 무차별 구타와 연행, 유언비어가 퍼질 수밖에 없던 통신 차단은 시민의 방어적 결집을 낳는다. 광주는 그렇게 '한 도시의 항쟁'이자 '한국 민주주의의 상흔'으로 기록된다.

5월의 상처는 곧 정치 지형으로 굳어진다. 권위주의 체제가 무너지고 대통령 직선제가 부활한 1987년에도 지역감정은 줄지 않았다. '양 김(金)'의 분열 속에 영남과 호남의 표는 정당의 정책보다 지역 대표성에 반응하는 습관을 배우게 된다. 선거제도의 승자독식 구조와 공천의 중앙집권, 지역별 산업정책의 비대칭성은 그 습관을 더 굳게 만든다. 당선 가능성이 공천장에서 사실상 결정되는 접전지 바깥의 지역에서는 '로고 보고 찍는' 투표가 생활이 되고, 정당은 지역 조직을 동원해 안전지대를 지키는 데 더 많은 자원을 쓴다. 지방선거에서도 비슷한 현상이 반복돼 의회 구성이 한가지 색으로 쏠리는 일이 잦아진다. 토론보다 동원, 설득보다 결집의 정치가 지역 갈등을 재생산한다.

대학생 운동의 궤적도 지역 균열에 영향을 준다. 1970년대 학생운동은 반유신, 반권위주의라는 커다란 깃발 아래 노동자, 농민, 도시 빈민과 연대하며 '민주화'와 '민중'이라는 언어를 공유한다. 특히 호남권 대학은 지역 소외와 산업정책의 불균형에 대한 문제의식이 강했고, 광주의 5월 이후 운동권 네트워크의 중요한 거점이 된다. 1980년대 중후반에 이르면 학생운동의 노선 분화와 이념 논쟁도 지역을 통과한다. 운동권이 배출한 정치 엘리트와 지역 정당 조직이 맞물리면서 호남은 '개혁·민주'의 진영 이미지를, 영남은 '안정·성장'의 진영 이미지를 강화한다. 언어의 양극화가 시작되는 대목이다.

갈등이 격화한 이유를 한 문장으로 줄이면 '정치가 풀지 못한 상처 위로 제도와 습관이 교차한 결과'라 한다. 과거의 폭력에 대한 책임 규명과 명예 회복이 늦어졌고, 지역 균형 발전의 성과가 체감으로 쌓이는 속도도 더뎠다. 언론 환경과 선거 전략은 지역감정에 기대는 서사를 반복 생산했다. 인터넷이 등장한 이후에는 확증편향의 알고리즘이 그 서사를 더 날카롭게 만들었다. 지역을 대표하는 정치인들이 중앙에서 갈등을 해결하기보다 '내 지역 챙기기'로 평가받는 구조도 고착화에 한몫했다. 이런 층위가 쌓여 '우리가 아니면 누구도 우리를 지켜주지 않는다'라는 방어적 지역주의가 양쪽에서 동시에 강화된다.

그렇다고 길이 없는 건 아니다. 갈등의 온도를 낮추는 방법은 구호가 아니라 운영에서 나온다. 첫째, 역사 문제는 '사실을 넘기지 않는 성실함'으로 다룬다. 5월의 기록을 정쟁의 소재가 아니라 민주주의의 안전장치로 재설계하고, 피해 회복과 교육·기억의 제도를 담담하게 꾸준히 돌린다. 둘째, 균형 발전은 '큰 그림'보다 '생활 지표'로 증명한다. 광역 SOC의 완공 사진보다 통근 시간과 물류비, 의료 접근성과 문화 인프라의 편차가 줄어드는 숫자를 주기적으로 공개한다. 셋째, 선거제도와 공천을 손본다. 다인·권역 대표제 확대와 개방형 경선, 여성·청년 가산점의 실질화 같은 장치가 한가지 색으로 쏠린 의회를 조금씩 바꾼다. 마지막으로, 중앙 정치의 언어도 바뀌어야 한다. 상대 지역을 공격하는 말로 내부 결속을 얻는 방식은 쉬운데, 그 이익이 지역 갈등의 비용보다 크지 않다. 타 지역의 이익을 인정하는 합의의 기록을 더 많이 쌓아야 한다.

광주의 5월은 과거의 사건이 아니라 현재의 질문이다. 지역 갈등을 어떻게 낮출 것인가라는 질문에 답하는 일은 정치의 품격을 묻는 시험이기도 하다. 역사의 사실을 바로 세우고, 균형 발전의 성과를 생활로 번역하고, 선거의 습관을 서서히 고치면 색깔의 선은 흐려진다. 지역이 진영을 대리하는 무대가 아니라, 서로 다른 삶이 공존하는 공간으로 회복될 때 비로소 정치는 지역을 넘어선다. 그 출발점은 간단하다. 잘못 기억한 날짜는 바로잡고, 상처의 이름은 존중하며, 오늘의 행정으로 내일의 신뢰를 만들어가는 일. 그 평범한 성실함이 쌓일 때, 우리는 지역 갈등이라는 오래된 문장을 다른 시제로 바꿀 수 있다.

PART 7

충청의 손끝이
승패를 가른다, 대전

대한민국 지도를 절반으로 접어 가운데를 맞추면 손끝이 자연스레 닿는 곳이 대전이라 한다. 북쪽의 서울과 남쪽의 부산이 직선으로 이어지고, 서쪽의 군산과 동쪽의 포항이 대각으로 걸려 만난다. 경부·호남 축이 교차하고, 고속도로와 철도가 엇갈리는 분기점이어서 사람과 물류, 정보가 한꺼번에 움직인다. 길이 모이는 곳은 늘 이야기가 쌓이고, 쌓인 이야기는 도시의 기질을 만든다. 대전이 '대한민국의 중심'이라는 말은 수사보다 지형에서 나온다.

대전의 심장은 연구소 지대에서 뛴다. 대덕연구단지로 불려온 혁신 벨트에는 대학과 정부 출연 연구소, 기업 연구소가 켜켜이 붙어 있다. 실험실의 아이디어가 파일럿 공정을 거쳐 제품과 서비스로 번역되는 속도가 다른 도시보다 빠르다. 측정·소재·에너지·바이오·우주·국방까지 분야가 넓고, 실패를 감당하는 시험장이 가까워 기술의 시행착오가 덜 아프다. 연구·창업·투자의 사다리가 하나의 생활권에서 이어지고, 그 사다리를 타고 올라가는 청년·연구자·엔지니어가 도시의 일상을 바꾼다. 점심시간에 연구소 셔틀이 몰려나오고, 퇴근 무렵 카페마다 회의가 열리는 풍경이 낯설지 않다.

도시의 품격은 과학만으로 완성되지 않는다. 중앙 행정의 두뇌가 옆자리에 앉으면서 대전의 역할은 더 커졌다. 세종특별자치시와 함께 '정책의 백룸'과 '과학의 기계실'을 이웃에 둔 셈이라 한다. 대전에서 기술이 나와 세종에서 제도로 번역되는 구조, 세종의 정책 요구가 대전의 실험으로 되돌아오는 구조가 굴러가면 수도권 일극 체제의 밀도를 분산할 수 있다.

출퇴근의 흐름도 두 도시를 묶는다. 금강을 건너는 통근길과 통학길의 강줄기, 공동 생활권을 전제로 설계된 도로망과 버스망이 두 도시의 호흡을 맞춘다. 행정수도의 완결성은 세종의 과제지만, 그 일상의 숨은 땀은 대

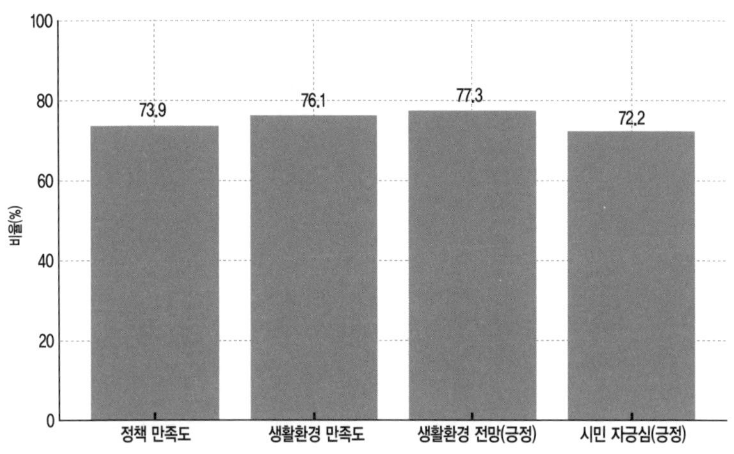

민선 8기 3년 대전시 시민 인식 지표(2025)
출처: 대전시(2025. 6 조사)

전이 같이 흘린다.

대전의 도심은 겹겹의 시간으로 쌓였다. 충청권의 상권이 모이던 옛 대전역 주변, 엑스포와 함께 스카이라인이 바뀐 둔산·유성, 대학가의 젊은 기운이 흐르는 궁동·봉명, 전통시장과 골목의 온기가 남아 있는 중앙로까지 결이 다양하다. 도시 변두리의 산책로와 하천변, 갑천·유등천의 수변길은 더위가 풀리는 시간에 비로소 본모습을 드러낸다.

과학도시는 차갑다는 편견과 달리 대전은 걷는 도시로서의 품도 지녔다. 다만 사계절의 일교차가 큰 분지 특성 탓에 그늘과 바람길, 수변의 완충을 배려한 설계가 늘 중요해진다. 이런 디테일은 지방선거에서 공약의 성패를 가르는 잣대가 된다.

산업의 무게중심은 서서히 바뀌는 중이다. 전통 제조와 물류는 여전히 튼튼하지만, 우주·국방·의료 기기·반도체 장비와 같이 고도화된 공정이 빠르게 파고든다. 공공 조달과 국책 과제의 경험이 많은 도시답게 기술 검증과 표준화, 인증의 길이 비교적 잘 닦여 있다. 문제는 사람이다. 대전에서 학위를 따고도 일자리를 찾아 수도권으로 올라가는 청년의 발걸음이 꾸준하다. 연구의 도시가 되려면 주거의 품질, 문화·여가의 다양성, 아이 키우기 좋은 생활 인프라가 연구비만큼 중요하다. 이 도시는 그 사실을 이미 알고 있고, 이제는 실행의 속도를 더 내야 한다.

교통은 대전의 자산이자 숙제다. KTX와 SRT가 교차하고 고속도로 4축이 끊임없이 흐르지만, 정작 시민이 체감하는 이동은 환승의 품질에서 갈린다. 철도-버스-마을버스 사이의 오차를 줄이고, 지하철과 BRT의 연결성을 높이며, 도심 순환의 병목을 풀면 도시의 시간이 짧아진다. 세종과의 출퇴근 축은 더 촘촘해져야 한다. 두 도시가 사실상 하나의 노동시장이라는 점을 인정하고 노선·요금·환승을 공동으로 설계하면 생활이 바뀐다. 중앙정부와의 핫라인, 지방정부의 합주가 동시에 필요한 대목이라 한다.

대전과 세종을 하나의 사진으로 찍으면 대한민국의 미래형 지방 정치가 그 안에 담긴다. 첨단산업과 공공 행정, 연구와 규제, 교통과 환경, 주거와 돌봄이 경계를 넘어 조율되는 장면이 이상값이다.

정리하면 대전은 단순한 중간 지점이 아니다. 길이 모여 산업이 자라고, 연구가 제도를 움직이고, 행정이 도시를 지탱하는 중심이라 한다. 과학의 냉철함과 골목의 따뜻함이 공존할 때 대전의 정체성은 가장 또렷해진다. 과학과 행정, 생활과 산업의 속도를 같은 박자로 맞추는 사람에게 도시의 키를 맡길지 여부에 대한 판단이 곧 대한민국의 중심을 어디에 둘지 정한다.

지난 대전시장의 정책과 공약이행률 분석하기

대전은 지난 10년간 공약을 종이에 쓰는 시간보다 공사장 앞에서 더 많은 시간을 보낸 도시라 할 수 있다. 서류로 수십 번 바뀐 계획이 현장에 내려오면 비로소 평가가 시작된다. 시민이 본 잣대도 단순했다. 환승이 더 간단해졌는지, 밤길이 더 안전해졌는지, 연구와 창업의 사다리가 이어졌는지, 원도심과 신도심의 간극이 줄었는지로 채점했다.

권선택 시장 시절은 균형과 재정 안정, 도시철도 2호선 노선 해법 찾기에 에너지를 쏟았다고 본다. 대덕특구 재창조, 역세권 정비 같은 큰 그림을 제시했지만, 법·재판 변수와 중앙정부의 절차에 걸린 과제는 절반의 진전으로 남았다. 대신 시가 단독으로 손댈 수 있는 생활형 사업에서 일정이 앞섰다. 노후 도로·배수 보수, 전통시장 안전 보강, 대중교통 서비스의 세부 손질이 그러한 항목이었다. 이행률에 대한 결론은 한 문장으로 정리된다. 작은 약속은 비교적 성실했고, 큰 약속은 목표를 쪼개는 기술이 부족했다.

허태정 시장 시절은 생활 체감과 도시 브랜드의 실험이 두드러졌다. '온통대전'으로 상권을 묶고, 보행·환승 품질을 끌어올리려는 시도였다. 무엇보다 도시철도 2호선의 해법을 트램으로 확정하고 착공을 현실로 옮긴 대목이 상징적이다. 다만 대형 어젠다에서는 여전히 중앙의 문턱이 높았다. 연구단지의 제도 유연화, 세종과의 광역 교통 일원화, 역세권 고밀 개발 같은 과제는 계획·협의 단계에서 시간이 길어졌다. 재정 여력 논쟁이 겹치며 일부 공약은 이행 속도가 둔해졌고, 생활 성과의 상승세를 끝까지 유지하지 못한 점이 약점으로 남았다.

이장우 시장 시절은 실행과 정비의 톤이 강했다. 트램 공사에 따른 교통 대책, 도심 순환의 병목 해소, 공원·수변 관리의 품질 관리처럼 눈앞의 불편을 줄이는 과제가 분기 단위로 성과를 냈다. 산업 측면에서는 반도체 장비·우주·국방 특화, 스타트업 지원의 체계화 같은 실무형 공약이 비교적 빠르게 굴러갔다. 다만 보문산·엑스포 재창조 등의 상징 사업은 공론화와 환경성, 재정 타당성 논쟁이 따라붙었다. 시민이 요구한 것은 속도 자체가 아니라 과정의 투명성이었고, 이 부분을 얼마나 설득력 있게 관리하느냐가 이행률 체감에 직결됐다.

세 시정을 가로지르면 공통 법칙이 보인다. 시가 단독 설계하고 집행할 수 있는 생활형 과제는 약속대로 간다. 환승 동선 단순화, 노후 인프라 교체, 골목 안전과 조도 높이기, 소상공 지원, 공공시설 유지보수 같은 항목은 실제로 달라졌다. 중앙정부와 얽힌 초대형 과제는 목표를 정직하게 쪼개야 한다. 예비 타당성 조사 통과, 기본 설계, 착공, 시운전, 운영을 한 덩어리로 포장하면 신뢰가 닳는다. 수치로 요약하자면 이행률의 체감은 생활에서 높고, 제도·인허가형 과제에서 낮았다. 원도심 공실 전환, 야간 안전 관리, 환승 품질 개선, 지역화폐·상권 회복은 점수를 얻었다. 반대로 대덕특구 규제 유연화, 세종 연계 교통·요금 통합, 역세권 고밀 개발은 단계별 진척에도 불구하고 '완료'로 느껴지지 않았다. 공약 달성의 서술 방식이 여전히 결과보다 과정에 머문 탓이 크다.

남은 숙제는 선명하다. 트램 공사는 교통 혼잡의 피크를 예고한다. 공사 구간별 대체 동선, 정류장 접근 안전, 상가 매출 보전과 같은 미시 대책을 촘촘히 운영해야 이행률이 지켜진다. 대전·세종의 한 생활권화는 노선·요금·환승에 대한 공동 설계 없이는 말에 그칠 뿐이다. 연구와 창업의 사다리에서 주거·교육·문화의 품질이 함께 올라가야 청년이 남는다. 재정은 숫자보다 순서다. 무엇을 미루고 무엇을 먼저 하느냐의 우선순위를 공개해야 공감이 붙는다.

대전에 필요한 정책 알아보기

대전답게 연구를 상품으로 바꾸는 전담 조직을 키워야 한다. 기술성 평가와 디자인, 인증과 표준, 양산 파트너 매칭을 한 번에 처리하는 공공 플랫폼을 만들고 처리 기간을 눈에 띄게 줄여야 한다. 시범 구역에서 택시 결제나 의료 기기 원격 모니터링을 실제로 해보는 테스트베드를 상시 운영하고, 실증 결과가 조달과 보험, 요금 체계로 이어지도록 제도 연결을 책임지는 팀을 둔다. 기술을 팔려면 이야기와 신뢰가 필요하니 성능 지표와 실패 기록까지 투명하게 공개하는 문화도 함께 만든다.

우주와 국방, 반도체 장비, 바이오헬스는 대전이 이미 손에 쥔 분야다. 관건은 수요를 고정시키는 일이다. 군수와 공공 병원, 지방 공기업, 교육청까지 묶어 지역 기업의 시제품을 먼저 써보고 개선하는 선구매 체계를 일상화한다. 반도체 장비와 소재는 세종과 청주, 천안 아산의 팹과 장비 업체를 연결해 권역형 공급망을 설계한다. 구체적으로 부품 국산화 목표 품목을 해마다 몇 개씩 늘리고, 장비 가동률과 유지보수 매출이 지역에 남도록 서비스 계약 모델을 표준화한다. 바이오헬스는 임상과 생산, 콜드체인을 한 생활권 안에서 잇는 게 핵심이므로 대학병원과 출연 연구소, 글로벌 제약사의 위탁 생산을 묶는 공동 연구와 공동 물류에 시가 직접 참여한다.

창업은 숫자보다 생존이 과제다. 장비와 공간을 밤과 주말에도 개방하고, 사용량에 따라 이용료를 쪼개 부담을 낮춘다. 초기 기업이 매출을 만들 수 있게 공공 조달의 문턱을 낮추고, 소액 계약을 다회로 주는 방식으로 납품 이력을 쌓도록 돕는다. 투자도 속도를 붙인다. 시가 모태 펀드와 함께 제조와 딥테크에 집중하는 지역 전용 펀드를 묶고, 지역 대기업과 금융사가 출자하는 상시 펀드를 병행해 후속 투자 공백을 막는다. 심사와 보증, 대출의 기준을 기술성과 매출 전환율 중심으로 재설계하면 돈이 필요한 곳으로 흘러간다.

일자리는 교육과 한 몸이다. 연구소 학위와 기업 현장을 잇는 공동 학과를 늘리고, 학기 단위 현장 실습과 채용 연계제를 확대한다. 재직자 전환 교육은 기업이 필요로 하는 장비와 공정을 기준으로 설계하고, 교육을 마치면 임금 보조나 설비 크레딧이 자동으로 따라붙게 만든다. 고용의 질도 챙긴다. 공공 발주와 보조금 지급에서 정규직 전환과 안전 투자, 연구 직군의 성과 공유 제도를 조건으로 걸고, 지키지 않으면 다음 지원에서 감점한다. 숫자만 늘리는 채용은 금세 흔들리니 숙련의 사다리를 촘촘히 세워야 한다.

브랜드는 외부에서 만든다. 대전의 강점을 하나의 이야기로 묶은 전시와 투자 유치회를 꾸준히 열고, 계약서의 조항이 실제 고용으로 연결되는 장치를 챙긴다. 본사 이전만 좇지 말고 연구소와 서비스 센터, 유지보수 거점을 유치해 상시 일자리를 확보한다. 해외 학회와 협회에 대전 공동 부스를 상설로 열고, 성과를 데이터로 축적해 다음 계약의 신뢰를 높인다.

마지막으로 성과를 생활의 숫자로 보여줘야 한다. 신설 법인 수나 투자 금액 대신 제품화 전환율, 공공 선구매 금액, 조달 납품 이력, 기술 기준 통과 건수, 1년 생존율과 3년 매출 성장률 같은 지표를 분기마다 공개한다. 지역 대학 출신의 첫 일자리 비율과 재직 유지 기간을 함께 발표하면 교육과 고용의 연결 상태가 한눈에 보인다. 숫자가 투명하면 정책은 고쳐 쓰기 쉬워지고, 시장도 신뢰로 응답한다.

대전의 산업과 일자리는 연구와 실증, 조달과 표준, 교육과 투자라는 여섯 개 톱니로 돈다. 톱니가 맞물리면 아이디어는 제품이 되고, 제품은 매출이 되고, 매출은 사람을 남긴다. 실험실 냄새가 나는 도시에서 월급봉투 냄새가 나는 도시로 한 발 더 가야 한다. 그 길을 시간표로 제시하고, 분기마다 확인할 수 있게 만들면 대전의 내일은 생각보다 빨리 온다.

대전시장에 어떤 사람이 출마할까

비가 갠 후 갑천 물비늘이 반짝이면 대전의 선거 지형이 더 또렷해진다. 연구도시의 기질, 행정수도 세종과의 호흡, 중도의 기류가 섞이지만 큰 맥락은 생활 성적표로 귀결된다. 이번에 이름이 오르내리는 인물은 이장우 시장, 허태정 전 대전시장, 장철민 전 국회의원, 박범계 전 법무부 장관이다.

이장우 시장은 '실행 압축'형 리더십이 강점이라 본다. 트램 착공 이후의 교통 혼잡 대응, 도심 순환 병목 해소, 공원·수변 관리처럼 당장 체감되는 과제를 분기 단위로 밀어붙이는 방식이 익숙하다. 반도체 장비·우주·국방 특화, 기업 유치와 인허가 단축 같은 실무형 어젠다에서도 손이 빠르다. 문제는 속도와 절차의 균형이다. 상징 사업의 공론화, 재정 타당성과 환경성에 대한 논쟁이 붙을 때 설명이 부족하면 '속도는 빠른데 설득은 짧다'라는 평이 따라붙는다.

허태정 전 대전시장은 '체감 설계'가 장점이라 한다. 온통대전으로 지역 상권을 붙잡고, 보행·환승 품질을 끌어올리려 했던 흔적, 원도심 골목의 안전·조도 개선 같은 생활형 의제가 시민들의 기억에 남아 있다. 트램을 해법으로 확정해 공론의 방향을 잡은 것도 플러스 요인이다. 다만 임기 후반에 불거진 재정 여력 논쟁, 세종과의 광역 교통·요금 통합이 더디게 진척된 것이 약점으로 회고된다. 재도전에 나선다면 '생활 성과 재가동'과 함께 재정·일정·책임 주체를 더 투명하게 제시해야 설득력이 살아난다.

장철민 전 국회의원은 '세대교체'와 '디테일'이 무기다. 국회 상임위 경험을 바탕으로 과학·창업·노동·청년 의제를 묶는 솜씨가 있고, 지역 현안의 문장을 생활 언어로 풀어내는 감각이 좋다. 세종·오송·청주를 잇는 권역 산업 지도 속에서 대전의 역할을 구체적으로 설계하면 신뢰가 붙는다. 약점은 광역 행정의 기계실 경험이 얕다는 지점이다. 산하기관 인사 원칙, 100일 실행 번들, 공사·교통·상권 보전의 운영 매뉴얼을 구체적 숫자로 내놓지 못하면 '메시지는 좋지만 운영은 미지수'라는 불안이 남는다.

박범계 전 법무부 장관은 전국급 인지도와 중앙 네트워크가 자산이라 본다. 예산·법률·감사 라인을 다뤄본 경험은 대형 인프라와 제도 개선을 끌어오는 데 유리하다. 논쟁적 이슈에서 메시지 장악력이 강한 것도 장점이다. 반면 법무·사정 이슈로 쌓인 진영 프레임이 외연 확장에 부담이 될 수 있다.

네 사람을 권역별로 포개면 승부처가 뚜렷하다. 유성·대덕은 연구·창업 생태계와 교통 환승 품질이 표를 갈라놓는다. 서구·중구의 도심 축은 트램 공사 관리, 상권 보전, 보행 안전 같은 디테일에서 민심이 움직인다. 동구·대덕 일부의 노후 생활권은 응급의료 접근, 노후 주거 리모델링, 일자리 재교육이 핵심이다. 세종과 연결되는 통근권은 노선·요금 공동 설계를 누가 현실로 만들어내느냐가 관건이다.

대전 표심은 '연구의 도시답게 운영으로 논증하라'라고 요구한다. 이장우는 속도에 대한 신뢰를 절차에 대한 설득으로 보완해야 하고, 허태정은 체감 설계를 재정과 일정의 투명성으로 강화해야 한다. 장철민은 디테일과 세대교체를 실무 번들로 증명해야 하며, 박범계는 전국 네트워크를 생활의 시간표로 번역해야 한다. 전체 구도상 더불어민주당 공천자가 앞서 있지만, 마지막 승부는 공사장의 불편을 줄이고, 환승의 오차를 낮추고, 연구 성과를 고용으로 잇는 '오늘의 개선'에서 갈린다.

충남-충북도지사에 어떤 사람이 출마할까

충청의 바람은 늘 완만해 보이지만, 막상 선거판에 들어오면 속도가 붙는다. 이번에도 충남과 충북의 시계가 비슷한 박자로 돈다. 이름은 많고 변수는 선명하다.

먼저 충남도지사 선거를 바라보자. 강훈식 대통령 비서실장은 '정무 감각'과 '메시지 설계'가 강점이라 한다. 여의도와 청와대 라인을 두루 거쳤고, 협상과 조정의 톤이 안정적이라 중도층이 덜 긴장한다. 중앙 예산과 인사 라인을 움직일 수 있는 핫라인도 자산이다. 약점은 광역 행정의 '기계실' 경험이 비어 있다는 지점이다. 도 산하 공공기관 관리, 단계별 사회간접자본 집행, 해양·농업·산단 같은 현장 의제를 운영의 언어로 풀어내지 못하면 '정치는 잘 아는데 도정은 미지수'라는 인상이 남는다.

박정현 부여군수는 '현장형 행정'이 분명한 카드다. 농촌, 문화, 관광, 생태를 다룬 군정 경험이 깊고, 주민과의 소통 동선이 촘촘하다. 생활 SOC, 농생명·식품 클러스터, 지역 축제의 체류형 전환 같은 과제에서 손이 빠르다. 다만 군 단위의 성공 방정식을 광역으로 확장하는 데는 규모의 장벽이 있다.

김태흠 충남지사는 '넓은 그림과 정무력'을 동시에 갖춘 유형이라 본다. 국회 경력과 현직 프리미엄이 맞물려 광역 교통·해양 신산업·국가산업단지 같은 굵직한 의제에서 추진력이 있다. 중앙정부와의 협업 회로도 잘 깔려 있다. 반면 속도를 중시하는 스타일이 공론 과정에서 빈틈으로 번질 수 있다. 환경·어업·지역 상권과 충돌하는 해양·레저·에너지 사업은 갈등을 섬세하게 관리하지 않으면 되레 저항을 키운다.

충북도지사의 상황은 어떨까? 노영민 전 대통령 비서실장은 '국가 운영 라인을 총괄한 경험'이 무기다. 청주를 기반으로 한 지역 네트워크에 더해 국비·법령·인허가 패키지를 한 번에 묶을 수 있는 설계력이 강점이다. 산업 전환과 도농 균형, 광역 교통 개편의 청사진을 제도와 예산으로 연결하는 솜씨도 기대된다. 약점은 과거 청와대 이슈로 형성된 진영 프레임과 '현장

거리감' 논란이다.

송기섭 진천군수는 '실무 장인'에 가깝다. 고용, 산업단지, 도로, 생활 SOC의 우선순위를 뽑아 진행표로 밀어붙이는 능력이 탄탄하다. 관문 도시의 물류, 산업, 주거를 동시에 다룬 경험 덕에 충북 서부권 균형 발전에 관한 언어가 구체적이다. 다만 전국급 인지도와 국정 라인과의 접속이 약하다는 평이 따른다. 광역의 대형 테이블에서 목소리를 키우기 위해선 권역 연합 전략과 공동 예산 공략법을 선명히 보여줄 필요가 있다.

김영환 충북도지사는 '아이디어 속도'와 '정무 추진력'이 특징이다. 첨단 산업 유치, 광역 교통 확충, 관광과 레저의 결합 프로젝트 등 굵직한 간판을 빠르게 띄우는 힘이 있다. 중앙과의 협상도 공격적으로 치는 편이다. 그러나 사법 리스크가 꼬리표로 따라붙는다. 절차·예산·법적 안정성에 대한 불안이 커지면 정책의 신뢰도도 함께 흔들린다. 갈등 관리와 공론화의 밀도를 높이지 않으면 중도층이 이탈할 위험이 크다.

충청권은 늘 '온건 중도' 성향이 강하다. 큰 목소리보다 운영의 품질, 중앙정부와 조율하는 능력, 지역 간 이해를 조정하는 솜씨를 본다. 그래서 이번에도 구호가 아니라 시간표가 표를 움직인다. 언제부터 무엇이 어떻게 달라질지, 책임 주체와 예산의 순서를 어떻게 배치할지, 갈등을 어떻게 줄일지에 대한 문장이 선거의 승부수다.

충남에선 강훈식은 정무와 핫라인, 박정현은 현장과 생활, 김태흠은 추진력과 네트워크가 강점이다. 충북에선 노영민은 총괄 경륜, 송기섭은 실무 안정감, 김영환은 아이디어와 속도가 무기다. 결국 누가 '산업 전환과 일자리, 광역 교통과 생활 품질'의 묶음을 더 현실적으로, 더 투명하게, 더 빠른 시간표로 제시하느냐가 판세를 가른다.

충청이 캐스팅보트인 이유

지도를 펴놓고 선거 지형을 어림잡아 그리며 색칠하다 보면 충청이 늘 마지막에 남는다. 영남과 호남의 기본색이 먼저 칠해지고, 수도권의 변덕이 덧입혀진 뒤, 승부의 경계는 대전·세종·충남·충북을 가로지르는 얇은 선 위로 옮겨 붙는다. 판이 엇비슷할수록 이 선이 두꺼워지고, 결국 충청의 색이 전국에 번진다. 그래서 정치판에서는 충청을 바람개비의 축이라 부른다.

충청이 캐스팅보트라는 말은 미덕의 포장을 넘어서 통계의 언어로도 설명된다. 선거가 팽팽할 때 충청권 승자가 전국 승자와 겹치는 경우가 잦다. 이유는 단순하다. 충남과 충북의 결이 서로 달라 합이 잡히는 순간, 그 흐름이 전국 평균과 비슷해지기 때문이다. 충남은 해안과 내륙을 잇는 제조와 농생명의 결이 살아 있어 진보 성향의 정책 언어에 호의적인 지역이 많다. 반대로 충북은 청주·오창·오송을 중심으로 반도체와 바이오, 이차전지 같은 산업 전환의 톱니가 빠르게 돈다. 한 권역 안에서 상반된 기류가 공존하기에, 어느 쪽이 더 넓게 설득했는지가 곧 전국의 중도 여론을 반영한다.

지역의 생활 지표가 곧 투표 성향을 재단하는 잣대가 되는 점도 중요하다. 충남의 어촌, 항만, 해상풍력, 농촌 지역의 물 관리와 도로망, 문화관광의 체류형 전환 같은 과제에서 진보의 정책 문법이 힘을 얻는 반면, 충북의 산업단지 업그레이드와 물류 허브, 연구 특구와 인증·표준 생태계에선 보수의 실행력이 점수를 받는다. 양쪽의 생활 성적표를 동시에 잘 읽어내는 세력이 이기면, 그 세력의 언어가 수도권의 실용 중도와 공명한다. 충청에서 앞섰다는 것은 전국의 중간층을 설득했다는 신호와 같다.

대전과 세종의 존재도 무시 못 한다. 대전은 과학과 행정의 기계실이 만나는 도시다. 연구 성과를 제도로 번역하는 과정을 매일 목격하는 시민들은 구호보다 운영을 더 신뢰한다. 세종은 중앙 부처의 생활이 그대로 드러나는 행정도시다. 이곳 시민들은 정책이 일상에서 어떻게 작동하는지를 가장 먼저 체감한다. 이 두 도시는 감정보다 데이터, 이념보다 시간표에 반응하는 성향이 강하다. 이곳에서 설득을 얻었다면 전국의 중도와 실용층에서도 힘을 받는 경우가 많다.

충청 지역의 투표 습관은 온건과 중용으로 요약된다. 진보나 보수의 선명한 구호보다 절차와 설명, 재정의 우선순위, 갈등을 줄이는 운영의 품질을 본다. 고개를 끄덕이게 만드는 문장은 거칠지 않다. 언제부터 무엇이 어떻게 달라지는지, 비용과 책임을 누가 어떻게 나누는지, 이해관계자를 어떤 순서로 설득하는지, 이런 문장이 익숙한 후보가 충청에서 힘을 얻는다. 그러니 충청에서의 승리는 선명성 경쟁이 아니라 설득의 시험을 통과했다는 증명서에 가깝다.

선거 전략의 관점에서도 캐스팅보트의 의미는 실용적이다. 충청에서 지지 격차를 크게 벌리는 세력은 여론의 흐름을 선점하고, 이후 남은 기간을 방어에 집중할 수 있다. 반대로 충청에서 밀리는 세력은 수도권에서 모험을 감수해야 한다. 선거 막판에 정책 번들을 공격적으로 내걸거나 인사 카드로 강한 메시지를 던지는 일이 잦아지는 이유다. 충청의 결과가 전략의 톤과 리스크 감수성을 결정짓는다.

물론 예외는 있다. 특정 사건이 전국 여론을 강하게 흔들어 지역 구도를 덮을 때는 충청의 균형 감각이 결과를 완충하지 못하는 경우도 있었다. 그렇다 해도 평균적으로 충청의 시계가 먼저 움직이고, 그 방향을 전국이 따라가는 장면이 더 많았다. 지역 구도에 갇히지 않는 표, 생활에서 출발한 질문, 이 두 가지가 결합한 곳이기 때문이다.

정리하면 충남에서의 진보 우위와 충북에서의 보수 우위가 어느 쪽으로 더 크게 기울었는지를 보면 전국의 중간 지대가 어디로 움직였는지 가늠할 수 있다. 결국 충청을 이긴다는 말은 말의 높낮이를 낮추고, 시간표와 책임을 분명히 제시해 생활 속의 이익을 설득했다는 뜻이다. 그래서 선거가 박빙일수록 지도 위의 중심은 늘 충청에 선명하게 찍힌다.

충청의 주목할 지역, 보령-서천

보령과 서천을 이야기할 때 장동혁 국민의힘 대표를 빼고는 이야기가 완성되지 않는다. 전국 정당의 키맨이 지역구를 직접 관리한다는 사실만으로도 선거의 무게중심이 옮겨간다. 중앙 정치의 헤드라인이 지역 골목의 일과 섞이고, 공천과 조직, 메시지가 한 인물로 수렴한다. 이 구조에서 장동혁은 상징과 실무를 동시에 움켜쥔 카드로 작동한다.

이름값부터 다르다. 당 대표라는 직함은 의제 설정권을 의미한다. 전국 단위 메시지를 하루에도 몇 번씩 리셋할 수 있고, 같은 문장을 보령과 서천에서 바로 증폭시킬 수 있다. 공천 관리에 미치는 영향력도 크다. 광역단체와 기초단체까지 파급되는 추천과 조정의 힘이 실제 사람과 돈의 흐름을 바꾸고, 선거 기간 내내 현장 동력을 유지하게 만든다. 지역 입장에선 든든한 우산이 생긴 셈이고, 상대 입장에선 상대해야 할 벽이 한층 높아진다.

장동혁의 강점은 말과 현장을 이어 붙이는 속도라 본다. 방송과 연설에서 보수 지지층이 듣고 싶어 하는 언어를 빠르게 정리해내고, 그 톤을 현장 조직의 구호와 유세 문장으로 곧장 번역한다. 중앙 이슈가 뜨거울수록 결집의 바람을 만들 줄 아는 타입이다. 당 대표실이 가진 일정 조정 능력도 무기다. 전국급 인사와 이슈를 선거 막판에 한꺼번에 묶어 들여올 수 있으니, 보수 성향이 강한 이 지역에선 가속도가 붙는다. 조직 감각도 장점이다. 선거는 결국 명단과 동선의 싸움이라 한다. 장동혁은 지역 핵심 인사들을 세대와 직능으로 촘촘히 묶는 방식에 익숙하다. 향우회와 직능단체, 어촌계와 상인회 같은 전통 네트워크에 청년 자원봉사와 온라인 확산팀을 끼워 넣어 오래된 조직의 속도를 높인다.

다만 강한 리더십은 언제나 그늘을 동반한다. 첫째, 중앙 정치의 파고를 지역이 고스란히 떠안을 위험이 있다. 당 차원의 실수나 논란이 불거질 경우, 대표 지역구는 곧장 여론의 타깃이 된다. 사안이 커질수록 지역 이슈가 묻히고, 프레임 전쟁으로 판이 옮겨간다. 둘째, 강경 메시지가 중도층의 피로를 키울 수 있다. 보령과 서천은 보수 토양이 두텁지만, 생활의 언어에 반응하는 중도층이 반드시 존재한다. 목소리를 높이는 순간 외연 확장에 제동이 걸린다. 셋째, 중앙과 지역의 시차다. 당 대표 일정은 전국을 돈다. 지역구 상주 시간이 줄어들면 불가피하게 현장 민원이 느리게 처리되고, 상대가 파고들 틈이 생긴다. 이 공백을 보좌진과 지방 조직이 완벽히 메우지 못하면 사람들의 피로감이 쌓인다.

장동혁의 존재는 상대 진영의 전략도 바꾼다. 더불어민주당이나 야권은 상징 대 상징의 정면충돌 대신 생활형 쟁점을 세분해 중간층을 파고드는 방식을 택한다. 조직 대결에서 밀릴수록 사전투표와 젊은 층 타깃 메시지로 변칙을 시도한다. 이 과정에서 대표가 중앙 메시지에 묶여 지역 반격에 즉시 대응하지 못하면 작은 균열이 확대된다. 다시 말해 장동혁 체제를 상대로 한 공략의 유일한 길은 지역 스윙보터의 체감도를 높이는 것뿐이고, 그 반대편에서 장동혁이 취할 최선은 지역에 기민하게 대응하고 중도 어법을 유지하는 것이다.

결국 이번 보령과 서천의 숫자는 장동혁의 정치적 체온계를 보여준다. 격차가 더 벌어지면 보수 결집과 중앙 동원의 조합이 여전히 강하다는 메시지다. 격차가 좁혀지면 당 대표 프리미엄도 지역 중도층의 체감 앞에서는 제한적이라는 신호가 된다. 사전투표율과 청년층 득표의 변화는 장동혁식 메시지의 온도에 대한 시민 평가로 읽힌다. 선거는 결과로 말하지만, 리더는 과정으로 기억된다. 중앙의 속도와 지역의 섬세함을 얼마나 매끄럽게 조립하느냐, 그 완성도가 장동혁의 다음 문장을 결정한다.

　선거판은 결국 돈의 흐름이 겉과 속을 가른다. 겉은 포스터와 연설이고, 속은 계좌와 영수증이다.

　우리나라 제도는 큰 틀에서 두 법으로 돈줄을 다룬다. 선거 기간의 쓰임새는 공직선거법이, 평소의 모금과 지출은 정치자금법이 중심이 된다. 후보는 반드시 전용 계좌를 열어 모든 수입과 지출이 이 계좌로 오가게 해야 한다. 현금은 원칙적으로 금지되고, 카드·계좌이체 영수증이 남는 방식만 허용된다. 선거가 끝나면 후보는 선거비용 한도 내에서 쓴 돈과 영수증을 중앙선거관리위원회에 제출하고, 정해진 요건을 충족하면 국가에서 일부를 보전받는다. '어디서 들어오고 어디에 나갔는지' 처음부터 끝까지 흔적을 남기도록 설계한 셈이다.

　누가 돈을 댈 수 있는지, 여기서부터 큰 선이 그어진다. 개인은 법이 정한 한도 안에서 후원할 수 있지만, 법인이나 단체의 직접 기부는 원칙적으로 금지에 가깝다. 특정 직역이나 이해당사자의 돈이 정책과 표에 영향을 미치지 못하도록 막아두는 안전장치다. 개인이 주는 돈도 후보 개인에게 꽂히지 않고, 후보 후원회나 선거사무소 계좌로 들어가야 한다. 봉투는 금물이고, 반드시 입금, 영수증, 기부자 공개의 3단계를 거친다. '기부 행위'는 선거 기간뿐 아니라 평소에도 엄격히 금지된다. 후보나 배우자, 캠프 인사가 유권자에게 금품·음식물·교통 편의를 제공하면 법률 위반 소지가 크다. 의도와 액수를 따지기 전에, '표를 얻기 위한 제공'이면 위험하다고 이해하면 편하다.

논란이 잦은 출판기념회부터 짚는다. 책을 내는 행위 자체는 표현의 자유고, 출간 기념 행사는 문화 행사이므로 열 수 있다. 문제는 행사를 운영하는 태도다. 책값 이상의 돈이 '축하'라는 이름으로 모이면 정치자금법 위반이 될 수 있다. 출판사나 서점이 정상 가격으로 판매하고 세금계산서를 끊는 건 괜찮지만, 행사장에서 현금 봉투를 받거나, 후원 계좌 대신 사적 계좌로 돈이 흘러들면 바로 위험구역에 들어선다. 사회자가 노골적인 출마 의사를 밝히고 사실상 '사전 선거운동'으로 흘러가는 순간 공직선거법 문제까지 겹친다. 안전한 선은 분명하다. 책은 책값으로만, 돈은 후원회 계좌로만, 행사 진행은 출마 홍보로 비치지 않게. 이 세 줄을 넘으면 사고가 난다.

모금하는 방식은 생각보다 다양하다. 전통적인 개인 후원, 소액 다수의 정기 후원, 온라인 결제, 소액 당비 연계 등이 있다. 어떤 방식이든 투명성이 핵심이다. 기부자의 실명 확인, 영수증 자동 발급, 분기별 후원 내역 공시 같은 장치를 잘 돌리는 캠프가 사고를 피한다. 정당 보조금과 후보 보전금은 별개의 회계로 취급한다. 정당이 받은 보조금은 당헌, 당규와 법이 정한 용도에만 쓰고, 후보 캠프의 지출은 선거비용 한도와 허용 항목에 맞춰야 한다. '당비로 막겠다'라거나 '보조금에서 빼 오겠다'라는 식의 섞어 쓰기는 금세 들통난다.

유권자 상대의 제공 행위는 특히 주의할 필요가 있다. 값싼 커피를 돌리거나 간식을 건네며 명함과 공약집을 함께 주는 장면은 선거 때마다 논란이 된다. '소액 홍보물'로 허용되는 범주가 있긴 하지만, 음식물 제공은 훨씬 더 엄격하다. 물과 다과, 기념품처럼 보이는 것이라도 금액, 장소, 대상, 맥락이 위법에 대한 판단을 갈라놓는다. 공식 선거운동원과 자원봉사자에게 제공하는 식사·교통 편의는 업무 범위 안에서 예외가 있지만, 불특정 다수 유권자에게 '마시고 가라'라며 베푸는 호의는 대체로 위험하다. 간단히 정리하면 '손에 남는 물건'은 금액 한도 내에서 홍보물 취급이 가능하지만, '입으로 들어가는 것'은 대부분 금지라고 이해하면 착오가 줄어든다.

지출 쪽은 항목별로 담장이 쳐져 있다. 인건비, 사무소 임차료, 홍보물 제작 및 발송, 온라인 광고, 차량·연료비, 여론조사, 집회·연설 관련 비용 등으로 세분되어 있고, 허용되는 집행 방식과 증빙 서류가 정해져 있다. 지역마다 선거비용 총한도가 정해져 있어서, 그 한도를 넘기면 보전은커녕 제재 대상이 된다. 자원봉사자에 대한 보상은 교통·식대 실비 범위 안에서만 가능하고, '알바성' 현금 살포는 명백한 위반이다. '자원봉사'라는 이름으로 친인척에게 과도한 수당을 지급해도 문제다. 선거 끝나고 돌려받을 생각으로 무리해서 쓰다가 보전 불가 판정을 받아 캠프가 통째로 흔들리는 경우를 현장에서 종종 본다.

요즘은 온라인이 새로운 회색지대를 만든다. 정치 후원 플랫폼을 통한 모금은 절차를 간편하게 만들지만, 익명성·해외 결제가 끼어들면 바로 제어 대상이 된다. 온라인 광고도 표기와 회계가 선명해야 한다. 후보가 운영하는 유튜브·인스타그램 계정에 돈을 태우면 광고료는 선거비용으로 잡히고, 협찬이나 제휴를 통한 '대가 없는 노출'은 이해 충돌과 제3자 지출 문제에 걸린다. 팬덤이 자발적으로 돈을 모아 현수막을 걸거나 차량을 운행하는 것도 허용 범위 밖일 수 있다. 캠프와 무관하게 보이더라도 실질적으로 후보를 위한 지출이라면 신고·한도·표시 의무를 따라야 한다는 게 기본 철학이다.

정치인의 일상 자금과 선거 자금을 섞지 않는 감각도 중요하다. 의정 활동 보고회를 열면서 지역 단체의 협찬을 받거나, 표를 의식한 기부를 반복하면 선거 때 '사전 기부' 논란으로 돌아온다. 명절 선물과 경조사 챙기기도 마찬가지다. 관행으로 포장된 봉투는 언젠가 터진다. 안전지대는 하나다. 사비에서 나온 금품이나 음식물을 유권자에게 직접 제공하지 않는다. 필요한 지원은 제도 프로그램으로 연결한다. 평판은 깎이지 않고, 법적 위험도 줄어든다.

결국 자금의 선은 간단하다. 투명한 통로로 들여오고, 허용된 항목에 쓰고, 영수증으로 증명한다. 무엇보다 '표를 얻기 위한 사적 제공'을 멀리한다. 선거는 마음을 얻는 경쟁이지, 물건을 나누는 경기가 아니다. 돈의 질서를 지키는 후보가 끝까지 완주하고, 그 질서를 지키는 캠프가 선거 뒤에도 버틴다. 취재 현장에서 보니, 이 원칙을 어긴 쪽은 결국 비용과 시간을 더 치른다. 반대로 원칙을 지킨 쪽은 투표일 이후에도 지지자와 유권자에게 설명할 말이 남는다. 그 말이 다음 선거의 씨앗이 된다.

PART 8

진보의 승자를 가를 광주

호남을 지도로만 보면 바다와 논이 먼저 보인다. 서해와 남해가 감싼 곡선, 기름진 평야와 산맥의 능선이 한 화면에 들어온다. 그 가운데 광주는 내륙의 그릇 역할을 해왔다. 물산과 사람이 모이는 문화권의 중심, 행정과 교육의 허브, 정치적 기억이 겹겹이 쌓인 도시라 한다.

광주의 정체성은 생활과 역사에서 동시에 나온다. 5월의 기억이 도시의 기둥을 세웠고, 연대와 공공성의 언어가 일상 속 습관이 됐다. 그래서 '약자를 지키는 도시'라는 자부심이 강하고, 합리적 분배와 투명한 절차에 민감한 시민 문화가 자리 잡았다. 다만 광주가 한 가지 색으로만 읽힌다는 건 오해다. 산업화와 정보화의 파도가 지나간 자리에서 새로운 먹거리를 찾는 도시의 현실감각이 만만치 않다.

전라도 전체로 눈을 넓히면 결이 더 풍성해진다. 전남의 바다는 수산과 해상풍력, 해양관광의 잠재력을 한꺼번에 품었고, 해남과 영암의 들판은 식량 안보와 농식품 가공의 미래를 보여준다. 목포는 서남권 관문 항만으로 재배치가 진행되고, 여수와 순천은 석유화학과 생태관광의 이중주를 이어 간다. 여수엑스포의 유산이 숙박과 컨벤션, 해양 레저로 확장되며 체류형 소비가 늘고, 순천만의 생태 보전 경험이 도시계획에 녹아드는 흐름이 두드러진다. 전북은 새만금과 군산·익산 축을 중심으로 재편되고 있다. 이차전지와 재생에너지, 스마트 농생명 클러스터가 본격 궤도에 오르면 권역 전체의 일자리 지형이 달라진다. 농도라는 오래된 이미지가 '농업의 기술화'로 옷을 갈아입는 중이라 한다.

교통의 지도도 바뀌고 있다. 호남고속철도와 순천완주고속도로, 무안국제공항과 서해안고속도로 축이 생활권을 넓히고, 광주와 전남 동부권을 잇

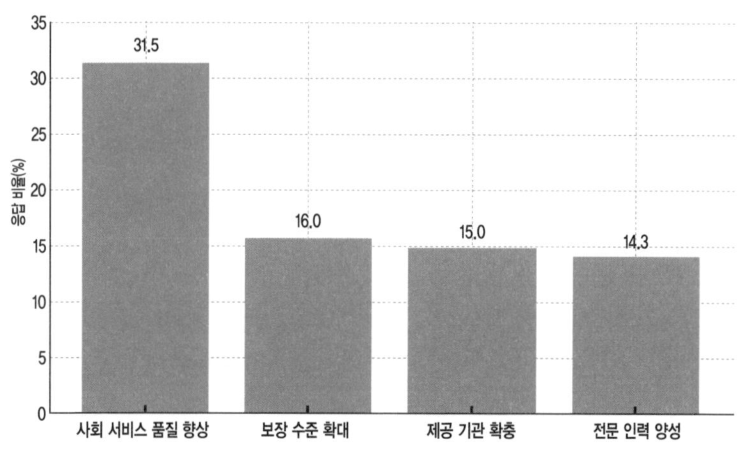

광주 시민이 꼽은 사회 서비스 정책 우선순위(2025)
출처: 광주사회서비스원

는 철도 개량이 속도를 붙인다. 통근과 통학, 물류의 시간표가 짧아질수록 산업의 사다리는 촘촘해진다. 젊은 층이 떠난다는 상흔은 분명하지만, 대학·병원·문화 인프라가 버팀목이 되어 '남아도 되는 이유'를 부지런히 만들고 있다.

정치의 언어로 호남을 이야기하면 진보의 본산으로 압축되곤 한다. 뿌리는 분명하지만, 내부의 온도 차를 놓치면 현실을 오독한다. 광주와 전라도는 '가치와 생계'를 동시에 증명해야 하는 무대다. 민주주의의 기억을 품은 지역이지만, 다음 10년을 여는 열쇠는 일자리와 산업 전환, 이동의 속도와 공공 서비스의 품질에 달려 있다. 지방선거는 그 열쇠를 누구에게 맡길지 정하는 절차다. 생활과 가까운 약속을 시간표로 보여줘야 신뢰를 얻는다. 광주의 표는 늘 그 점을 확인한다. 이번에도 예외는 없다고 본다.

지난 광주시장의 정책과 공약이행률 분석하기

여러 장면이 겹친다. 아시아문화전당 앞 분수대의 물빛, 조선대학교·전남대학교 주변의 밤공기, 빗길을 가르는 시내버스의 휠 소리. 지난 10년 광주시는 이런 생활의 화면 속에서 공약을 채점받아왔다. 세 사람의 시장이 남긴 발자국을 나란히 놓고 보면 '생활형 약속은 빠르게, 구조형 과제는 길게'라는 경향이 뚜렷하다.

먼저 윤장현 시절은 '기초 체력 다지기'에 가깝다. 아시아문화전당 개관 이후 도심 동선을 정리하고, 원도심 골목 안전과 보행 환경, 시내버스 서비스의 세부를 고쳐나가는 작업이 분기 단위로 쌓였다. 노후 인프라 손보기, 전통시장 화재 예방, 어린이·어르신 생활 SOC 확충 같은 공약은 시가 단독으로 설계하고 집행할 수 있었기에 이행률이 높았다. 반면 아시아문화전당 활성화 모델, 도심·외곽 상권의 동시 회복, 장기 재생 사업처럼 중앙정부와 예산·제도 조율이 걸리는 과제는 절차의 강을 오래 건넜다. '완료'보다는 '진행'의 문장이 더 많이 남는 대목이다.

이용섭 시절은 두 축이 굵었다. 하나는 '광주형 일자리'의 제도화와 양산 단계 안착이다. 자동차 완성차 공장이라는 상징이 실제 라인과 급여, 노사 합의로 번역되면서 일자리 공약이 생활화되는 경로를 열었다. 다른 하나는 도시철도 2호선의 해법 확정과 착공이다. 노선과 방식에 관한 논쟁으로 수년을 보낸 과제에 '언제, 어디를, 어떻게'의 시간표가 붙자 시민 체감이 선명해졌다. 다만 두 축 모두 장기 과제다. 자동차는 완성차 이후 협력 업체의 지역 뿌리 내림, 부품·서비스 생태계 확장이 '다음 단계'이고, 철도는 공사 기간의 교통 혼잡 관리와 개통 후 배차·환승 품질이 결국의 성적표다.

강기정 시절은 '운영 품질'과 '새 먹거리'의 결합을 지향해왔다. 트램·철도 공사에 따른 상권 피해 최소화, 환승 센터 정비와 순환 교통 병목 해소, 공원·수변 관리의 상시화 같은 즉시 체감형 약속은 비교적 속도감 있게 진행됐다. 동시에 'AI·콘텐츠·모빌리티'의 삼각 편대를 지역 대학·출연 연구소·기업과 묶는 시도가 이어졌다. 2021년 학동 건물 붕괴 사고 이후 강화된 안전 관리 체계가 현장 점검, 감리, 공사 안전 비용으로 일상화된 것도 이 시기의 특징이다. 그러나 대형 어젠다는 여전히 길다. 도시철도 2호선의 공사 구간별 교통 대책, 광주형 일자리의 2·3단계 확장, AI 생태계의 매출·고용 전환률, 아시아문화전당의 '체류형' 활성화 모델은 '시간표 공개→단계별 검증→운영 지표'의 절차를 통과해야 한다.

항목별로 나눠 보면 더 또렷하다. 이동에서는 환승 동선 단순화, 버스 배차의 신뢰도, 보행·자전거 안전의 개선이 꾸준히 진도를 냈다. 안전에서는 재개발·재건축 현장의 공정 관리·가시설·비상 대응 표준이 상향됐다. 산업에서는 '광주형 일자리'의 제도 틀과 AI 집적 단지 조성, 문화·콘텐츠 거점 강화가 눈에 띈다. 도심 품질에서는 원도심 골목의 조도와 청결 강화, 공유 공간·공원·수변 유지관리의 상시화가 체감도를 높였다. 반대로 '국가 및 광역과 얽힌 과제'는 단계 이행이 곧바로 '완료'로 느껴지지 않는다. 도시철도 2호선은 운영 첫날의 배차·환승 시간이, 산업은 협력 업체의 지역 뿌리 내림과 평균 임금·고용 안정 지표가, 아시아문화전당은 체류형 소비와 민간 참여 비율이 최종 성적표다. 이 지표들이 곧 '공약 이행률'로 시민에게 읽힌다.

지난 10년 광주시는 생활형 약속을 성실히 이행해 도시의 하루를 조금씩 바꿔왔다. 동시에 '광주형 일자리'와 '도시철도 2호선', 'AI·콘텐츠' 같은 구조형 과제는 긴 호흡으로 성과의 문턱을 넘는 중이다.

광주에 필요한 정책 알아보기

생활이 편해지는 정책도 중요하지만, 지금 광주가 가장 절실히 찾는 건 '일이 생기고 사람이 남는' 길이라 본다. 광주형 일자리의 다음 단계가 우선이라 한다. 완성차 조립이라는 상징을 넘어 부품과 소프트웨어, 애프터서비스까지 먹잇감을 넓혀야 한다. 차체와 내외장에는 지역 뿌리 기업이, 전장과 배터리 관리에는 대학·출연 연구소와 스타트업이 붙도록 조달 규칙을 손보면 연결고리가 생긴다. 시와 산하기관의 공공 차량을 대상으로 '선구매' 제도를 상시화하고, 납품 이력과 품질 데이터를 투명하게 공개하면 지역 기업의 신뢰가 쌓인다. 전기차와 자율주행은 시험이 곧 경쟁력이다. 도심·외곽 순환로 일부를 시간제 실증 구간으로 열고, 보험·안전기준을 표준화해 테스트베드를 일상으로 끌어들이면 창업과 투자가 따라온다.

인공지능 집적 단지는 '간판'보다 '전환율'이 성패를 가른다. 실증 허가, 표준 인증, 공공 조달을 한 번에 처리하는 원스톱 창구를 만들어 처리 기간을 절반으로 줄이는 게 핵심이다. 의료 영상, 제조 공정, 교통 관제, 치안과 안전 같은 분야별로 '데이터 보석상'을 지정해 고품질 데이터를 정제, 개방하고, 성능 검증 리포트와 실패 기록까지 공개하면 외부 기업도 광주를 신뢰한다. 대학원, 연구소와 기업이 함께 운영하는 현장 학기제를 확대해 졸업 전 '첫 월급'을 광주에서 받게 만들면 두뇌 유출을 줄일 수 있다.

문화와 콘텐츠는 광주의 오래된 힘이다. 그런데 체류형 소비로 바꾸지 못하면 행사로 끝난다. 아시아문화전당과 상무·첨단의 공연장, 양림·동명동의 골목을 하나의 '도시 페스티벌 루프'로 묶고, 야간 대관료와 장비·스태프 비용을 줄이는 상시 프로그램을 돌리면 아티스트와 기술 인력이 함께 모인다.

제조의 체력을 다시 세우려면 노후 산업단지를 손보는 게 빠르다. 안전·환경·에너지·물류 네 가지를 묶은 표준 리모델링을 도입하고, 설비 교체 비용의 일부를 전력 효율·안전 투자와 연동해 지원하면 사고와 중단이 줄어 생산성이 오른다. 협동 물류센터를 두어 소형 사업장의 배송·보관 비용을 낮추고, 산업단지와 역세권을 잇는 통근 셔틀·급행버스를 상시화하면 인력 유치가 쉬워진다.

현장 작업자의 숙련도를 올릴 '재직자 전환 교육'은 장비가 핵심이다. 시가 장비 구매를 맡고 기업이 사람을 보내는 방식으로 매칭하면 불필요한 투자 없이 기술 업그레이드가 가능하다.

외부 투자를 붙잡으려면 이야기와 계약의 품질이 필요하다. '광주형'의 정의를 제품과 서비스로 확장해 유지보수·교육·데이터 서비스를 묶은 계약 모델을 제시하면, 단순 이전이 아닌 '상주 일자리'를 유치할 수 있다. 해외 학회와 박람회에 광주 공동 부스를 상설로 운영하고, 계약서가 실제 채용과 교육 의무로 이어지게 조항을 표준화하면 성과가 남는다.

결국 광주가 지금 당장 붙잡아야 할 문장은 간단하다. 일을 만들고, 시간을 줄이고, 위험을 낮추고, 사람이 남게 한다. 그 문장을 자동차와 AI, 문화와 교통, 산업단지와 안전의 장면으로 바꿔 보여주면 표심은 움직인다. 약속은 숫자와 시간표로 증명해야 한다. 배차 신뢰도, 환승 대기 편차, 납품 전환율, 창업 생존율, 재직 유지 기간 같은 지표를 분기마다 공개하면 광주의 속도는 자연히 붙는다. 생활이 좋아진다는 확신, 그 하나가 도시의 가장 강력한 성장 엔진이다.

광주시장에 어떤 사람이 출마할까

광주의 선거판은 늘 가치와 생활 사이에서 줄타기를 한다. 민주주의의 기억이 도시의 자부심을 세우고, 일자리와 교통 같은 생활 과제가 표심의 속도를 정한다. 이번에 이름이 오르는 사람은 강기정 광주시장, 민형배 국회의원, 주기환 전 국민의힘 광주광역시당위원장이다. 세 사람의 무기와 약점을 광주의 질문에 비춰본다.

강기정 광주시장은 현직 프리미엄이 분명하다. 시청의 기계실을 직접 돌린 경험, 공사와 예산의 시간표를 손에 쥔 운영력이 강점이라 한다. 도시철도 2호선 공사에 따른 불편 관리, 상권 보전, 환승 품질 개선 같은 생활형 과제에서 분기 단위 성과를 보여줄 수 있고, 광주형 일자리와 AI 집적단지 같은 구조 과제도 궤도를 만들었다는 평가가 있다. 중앙 정치 라인과의 연결도 탄탄하다. 다만 속도와 공론의 균형이 늘 시험대에 오른다. 상징사업은 재정과 환경에 대한 논쟁을 부르고, 설명이 얕으면 중도층의 피로가 쌓인다. 공약을 운영 지표로 번역해주는 섬세함, 이를테면 배차 신뢰도와 환승 시간, 지역 고용 전환율 같은 숫자를 앞세워 설득을 보완할 필요가 있다.

민형배 더불어민주당 의원은 새로운 얼굴의 장점이 선명하다. 국회 경험을 바탕으로 예산·법률·감사 라인을 꿰고 있고, 청년과 노동, 창업과 문화 의제를 묶는 언어가 비교적 부드럽다. 광주가 원하는 산업 전환의 서사를 생활과 연결해 풀어낼 수 있다면 확장력이 생긴다. 약점은 광역 행정의 현장을 운전한 경험이 짧다는 점이다. 산하기관 인선 원칙, 공사 단계별 불편 관리, 원도심 안전과 상권 보전 같은 운영 매뉴얼을 구체적 시간표로 제시하지 못하면 메시지 정치에 그친다는 비판이 따라붙는다.

주기환 전 국민의힘 광주광역시당위원장은 보수 진영의 결집을 이끌 스피커라 한다. 중앙의 현안과 전국 메시지를 광주 현장으로 신속히 번역하는 능력이 있고, 상대적으로 얇은 조직을 묶어 세우는 추진력이 강점이다. 야권 후보로서 명확한 대비를 만들면 지지층의 투표율을 끌어올릴 수 있다. 그러나 광주는 가치와 생계를 동시에 보려 하는 도시다. 강한 선명성만으로는 외연을 확장하기 어렵다. 광주형 일자리의 다음 단계, 철도 개통 이후 운영 품질, 원도심 재생의 생활 지표를 구체적 숫자와 책임 주체로 설계하지 못하면 중도와 청년층의 문턱을 넘기 힘들다.

광주의 기본 지형은 진보 친화적이라 더불어민주당 계열 후보가 유리하다는 평가가 우세하다. 그렇다고 결과가 자동으로 주어지지는 않는다. 현직은 공사와 상권, 재정의 순서를 더 투명하게 설명해야 하고, 도전자는 운영에 대한 100일 계획을 생활의 언어로 보여줘야 한다. 보수 후보는 선명성 경쟁을 넘어 운영 지표를 제시할 때만 외연이 확장되기 시작한다. 표는 늘 생활에서 나온다. 누가 시간을 줄이고, 위험을 낮추고, 기회를 넓히는 약속을 더 구체적으로, 더 조용한 톤으로, 더 빨리 보여주느냐. 그 문장이 이번 광주시장 선거의 결론을 정한다.

전남·전북도지사에 어떤 사람이 출마할까

호남의 광역단체장 선거는 농수산과 섬, 항만과 공장, 새만금과 빛가람, 바닷바람과 들판의 바람이 한 장에 포개진다. 전남과 전북, 이름이 오르는 사람들의 장단을 생활의 잣대로 짧게 정리해본다.

전남은 바다와 섬, 항만과 에너지 전환이 핵심이라 본다. 현직 김영록 전남도지사는 광역 행정의 '기계실'을 오래 만져본 타입이라 한다. 예산과 절차, 중앙 부처와 협의하는 동선을 잘 알고, 해상풍력과 수산, 농생명과 섬 생활 SOC 같은 대형 과제를 일정표로 밀어붙이는 힘이 강점이다. 다만 익숙함이 곧 관성으로 보일 수 있다. 해양 레저·관광 개발과 환경·어업 생계의 균형, 군 공항 이전과 지역 상권 보호 같은 민감한 이슈에서 설명이 얕아지면 피로가 쌓인다. 성과의 숫자를 더 자주, 더 투명하게 꺼내야 재선에 대한 설득력이 선명해진다.

신정훈 더불어민주당 의원은 '현장 언어'가 강하다. 농업·농촌 정책에 촘촘하고, 군 단위 생활 SOC와 지역 단위 일자리의 결을 잘 안다. 전남 내륙권 균형 발전, 로컬푸드와 가공·물류의 연결, 농가 소득의 안정 장치 같은 의제를 실무로 당길 힘이 있다. 반대로 광역 스케일의 해상풍력·항만·

산업단지 리모델링 같은 초대형 프로젝트에서 추진력과 중앙 조율 경험을 입증해야 한다. 팀과 조직의 설계도를 일찌감치 내놓는 편이 유리하다.

주철현 더불어민주당 의원은 항만과 해양의 '전문 프레임'이 뚜렷하다. 여수·광양항, 석유화학과 친환경 전환, 해양관광과 도시 재생을 한 묶음으로 설계할 수 있는 카드다. 중앙 라인과 산업계 네트워크도 자산으로 통한다. 다만 전남 전역을 아우르는 내륙 생활의 감수성, 농어촌 돌봄과 의료 및 교통 같은 촘촘한 과제에서 공감대를 얼마나 확보하느냐가 약점 보완의 포인트다. 항만권의 논리를 생활의 문장으로 풀어낼수록 외연이 넓어진다.

박필순 조국혁신당 전남 광양시지역위원장은 '대안 서사'로 눈에 띈다. 기성 양당 구도에 피로가 쌓인 표심과 청년층의 변화를 건드릴 가능성이 있다. 의제의 결도 비교적 선명하다. 노동·안전·환경의 균형, 생활형 부채, 주거, 교통 같은 민감한 화두를 과감히 전면에 내세울 수 있다. 하지만 광역 행정을 운영한 경험과 중앙 설득력, 조직력은 분명 약하다. 메시지의 날을 낮추고 실무형 인선과 100일 실행 번들을 먼저 꺼내야 의미 있는 경합선까지 붙을 수 있다.

전북은 새만금과 제조 재편, 농생명·이차전지·수소 같은 전환 의제가 성패를 가른다. 김관영 전북도지사는 '종합 설계자'에 가깝다. 예산·법령·조정의 라인을 폭넓게 다뤄본 경험이 있고, 새만금의 에너지·물류·산업·관광을 한 판으로 묶는 데 강점이 있다. 기업 유치와 규제 유연화의 속도도 비교적 빠른 편이다. 반대로 현안의 민감한 접점에서 공론의 밀도가 떨어지면 반발이 커진다. 재정 타당성과 환경성, 지역 상권 보전의 균형을 더 치밀하게 공개하는 태도가 필요하다.

안호영 더불어민주당 의원은 '균형감 있는 실무파' 이미지가 강하다. 혁신도시와 지방대, 지역 기업과의 연계를 통한 일자리 모델, 생활 SOC의 우선순위 정리 같은 과제에서 손이 깔끔하다. 법제와 예산의 결을 이해해 단계별로 추진할 수 있는 타입이라 중도층 설득에 유리하다. 약점은 광역 전체를 흔드는 상징 프로젝트에서 존재감을 얼마나 낼 수 있느냐. 굵직한 투자와 첨단산업의 로드맵을 더 굵은 선으로 제시해야 '안정감 이상의 확장성'을 증명할 수 있다.

이원택 더불어민주당 의원은 '현장 친화'와 '농생명 감각'이 돋보인다. 식품·가공·유통의 연결, 농촌 돌봄과 청년 정착, 지역 축제의 체류형 전환 등 생활형 성장 모델을 설득력 있게 말한다. 다만 이차전지·반도체 패키징·수소 같은 제조 전환의 큰 물길을 끌어오는 중앙 협상에서 무게를 보여줘야 한다. 기업·대학·연구소의 삼자 연합, 조달·표준·실증의 사다리를 묶은 구체 설계가 보이면 약점이 줄어든다.

요약하면 전남에선 바다와 섬, 항만과 에너지 전환의 '속도와 균형'이, 전북에선 새만금과 제조 재편의 '연결과 실행'이 인물에 대한 평가의 핵심이다. 현직 프리미엄은 운영에 대한 신뢰감으로, 도전자들은 신선함으로 증명해야 한다. 전남과 전북이란 두 장의 시험지는 같아 보이지만 문제의 결이 다르다. 그 차이를 읽는 사람이 끝에 웃는다.

전라는 민주당의 소유물이 아니다

바람 부는 날 호남의 바다는 늘 같은 색으로 보이지만, 가까이 가서 보면 물살이 매번 다르게 흐른다. 전라도의 표심도 그렇다. 겉으로는 더불어민주당의 안정된 지지 기반처럼 보이지만, 막상 선거판에 들어가면 미세한 물결이 방향을 바꾼다. 한 지역을 한 색으로 못 박아두면 해석은 편해지지만 현실과 멀어진다. 전라도는 민주당의 소유물이 아니라, 매번 성적표를 새로 쓰게 만드는 까다로운 유권자들의 땅이라 말한다.

오랜 시간 민주주의의 상처와 연대의 역사 위에서 민주당이 표를 얻어 온 건 사실이다. 그렇다고 '당연한 승리'가 보장되진 않는다. 호남 표심은 상징에 고개를 끄덕이되, 생활의 설득을 따로 요구한다. 도로와 항만, 농수산과 관광, 대학과 병원, 젊은 세대의 일자리 같은 질문에 제대로 답하지 못하면 지지율은 얇아진다. 민심은 상징과 삶을 둘 다 본다. 이 균형이 흔들릴 때마다 다른 선택지가 비집고 들어온다.

그 갈라짐의 틈에서 새로운 진보가 자라기도 한다. 조국혁신당 같은 신생 세력이 호남에서 힘을 낼 수 있다는 관측이 괜한 말이 아니다. 기존 야권에 대한 피로, 인사와 공천을 둘러싼 실망, 생활 성과의 둔화가 겹치면 유권자는 같은 진영 안에서 더 선명하거나 더 생활 친화적인 선택지를 찾는다. 메시지 몇 마디로 되는 일이 아니다. 지역 대학 혁신, 농수산물의 판로, 재생에너지 전환의 속도와 보상, 원도심 재생의 실력 같은 '즉시 효과'를 테이블에 올려야 한다. 새 얼굴이 이런 항목을 시간표로 보여줄 때 중도 표와 젊은 표가 흔들린다. 진보의 내부 경쟁이 곧 유권자의 선택지를 넓힌다는 뜻이다.

보수의 가능성도 완전히 닫혀 있지 않다. 전남에서 이정현이 국회의원으로 활약했던 장면을 떠올리면 힌트가 있다. 선거는 진영의 외벽보다 후보의 설득과 지역의 사정에 더 민감하게 반응한다. 국비와 제도, 공사와 운영을 다룰 능력, 갈등을 줄이는 조정력, 생활의 언어로 말하는 기술이 맞아떨어지면 전라도에서도 보수 후보가 틈을 낸다. 천하람 같은 인물들이 현장에서 조직을 일으키고 생활 의제를 전면에 세우며 '덜 이념적이고 더 실용적인 보수'의 얼굴을 만들려 애쓴 이유가 거기에 있다. 물론 쉽지 않다. 하지만 '불가능'은 아니다. 낙관이나 허풍으로는 문이 열리지 않는다. 생활 설계와 운영 성적표로만 열린다.

공천도 변수다. 호남 유권자는 공천을 '선수 교체'가 아니라 '팀 운영'의 신호로 읽는다. 공천이 사천 논란으로 번지거나 특정 라인 쏠림으로 비치면, 그 순간 중도와 무당층이 멀어진다. 반대로 경선 과정을 투명하게 열고, 불공정 논란을 피하며, 현장 실무형 인사를 전면에 세우면 지지층 결속과 외연 확장이 동시에 일어난다. 더불어민주당이 이 장면을 놓치면 같은 진영의 다른 정당이 이익을 본다. 보수는 이 빈틈을 생활 묶음 공약으로 파고들 준비를 해야 한다.

투표율의 패턴도 따져봐야 한다. 호남은 큰 선거일수록 결집이 강하지만, 지방선거에서는 지역마다 편차가 크다. 투표율이 떨어지면 조직력이 높은 쪽이 상대적으로 유리해지고, 신생 세력은 상승 여지를 잃는다. 그래서 누가 사전투표를 생활 동선에 맞춰 설계하고, 고령층 이동과 청년층 안내를 더 정교하게 하느냐가 결과에 크게 영향을 준다. 표를 '확신'으로 다루는 정당은 여기서 발목을 잡힌다. 선거는 습관이고, 습관은 관리하는 쪽의 것이 된다.

'전라는 민주당의 소유물이 아니다'라는 말은 특정 정당을 깎아내리는 구호가 아니다. 호남 유권자가 매 선거마다 성적표를 새로 쓴다는 사실의 다른 표현이다. 상징을 존중하되, 생활을 더 중요하게 본다. 기억을 품되, 미래의 실력을 시험한다. 그 시험에 합격하려면 진영의 간판이 아니라 일의 분명한 순서와 책임, 갈등을 줄이는 조정과 설득의 기술, 그리고 분기마다 확인 가능한 성과를 제시해야 한다. 뚜껑을 열어봐야 안다는 말은 회피가 아니라 겸손의 문장이다. 승리는 어느 정당의 '소유'가 아니라, 유권자가 그때그때 부여하는 임시 사용권에 가깝다. 다음 선거에서 다시 회수될 수 있는, 그래서 더 값비싼 권한이라 한다.

전라의 주목할 지역, 담양

담양의 표심은 대나무처럼 곧다고들 말한다. 2025년 4월 재선거에서 조국혁신당 정철원 군수가 당선됐다는 사실은 그 곧음이 한 번 흔들렸다는 뜻이 아니다. 생활의 체감이 정치의 간판을 이긴 순간이 있었다는 뜻이다. 관광객이 몰려도 골목 매출이 뜨문뜨문 들어오는 현실, 농가가 한 철 가격에 울고 웃는 구조, 읍·면 단위 생활 SOC의 빈틈 같은 피로가 장기간 쌓였고, 그 틈으로 '새 얼굴'과 '현장 언어'가 들어왔다. 유권자는 조직보다 시간표를, 구호보다 운영을 택했다.

'이번 지방선거에서도 같은 파동이 일어날까'라는 질문은 결국 조건의 문제다. 재선거는 '한번 바꿔보자'는 심리가 강하게 작동하지만, 본선에서는 습관과 조직이 되살아난다. 조국혁신당이 다시 파란을 일으키려면 정철원 군정이 '새 얼굴'에서 '새 운영'으로 넘어섰다는 확신을 먼저 줘야 한다. 군 단위 행정은 작은 변화가 빨리 퍼진다. 축제가 끝난 다음 날 쓰레기와 교통체증이 줄었는지, 주말 임시 주차와 우회 동선이 제때 작동했는지, 로컬푸드 가공 및 온라인 판로가 실제 매출로 이어졌는지 같은 장면이 표를 만든다. 설명이 아니라 확인 가능한 결과가 필요하다.

의회와의 합도 승부처다. 조례와 예산이 막히면 '신선함'은 금세 소모된다. 갈등을 피하기보다 절차를 투명하게 공개하고, 피해가 예상되는 구간엔 보상과 대체 방안을 먼저 꺼내는 태도가 중요하다. 군수가 합의의 경로를 시민에게 그대로 보여주는 순간, 낯선 정당에 대한 경계가 누그러진다. 인사도 메시지다. 실무형 간부를 전면에 세우고 보은성 기용을 자제하면 '새 정치'가 '새 행정'으로 번역된다.

선거 기술의 관점에서 보면 변수는 세 가지다. 사전투표 설계, 세대별 투표율, 인접 시·군과의 파급력이다. 담양은 고령층 비중이 높지만 청년 귀향과 관광업 종사자도 적잖다. 평일·주말 동선을 가르는 안내와 이동 지원이 정교할수록 조직 격차를 메울 수 있다. 또 하나, 광주 생활권과의 접점에서 어떤 메시지가 오가느냐도 관건이다. 광주의 산업·문화 흐름을 담양의 관광 및 농업과 연결하는 '연합 프레임'을 선점하면 소속 정당의 약세를 일정 부분 상쇄한다.

더불어민주당도 손 놓고 있지 않다. 호남의 기본값을 되찾기 위해 공천을 투명하게 열고 생활형 번들을 촘촘히 들이밀 것이다. 농산물 수매와 가격 안정, 농번기 인력난, 읍·면 응급의료 접근, 원도심 빈 점포 전환 같은 구체 과제로 바로 효과를 보여줄 수 있다. 이 묶음이 '관성 복귀'를 부른다. 반대로 조국혁신당이 군정의 분기 성과를 숫자로 제시한다면 경합은 길어진다. 관광 체류 일수, 가공 비중, 청년 창업 생존율, 응급 이송 시간 같은 지표를 약속으로 고정해 공개하는 방식이 가장 확실하다.

중앙 정치의 온도도 영향을 준다. 신생 정당은 전국 이슈의 과열에 취약하다. 지도부의 강한 발언이 지역 중도층의 피로를 키우면 현장의 성과가 묻힌다. 담양에서만큼은 말의 톤을 낮추고 생활의 단어를 쓰는 편이 안전하다. 반대로 더불어민주당이 중앙 논쟁에 매달리면 '생활은 비어 있다'라는 인식이 다시 고개를 든다. 표는 늘 가까운 것부터 계산한다.

결론을 서둘러 적자면, 조국혁신당의 '재현 가능성'은 충분히 열려 있다. 다만 전제조건이 빼곡하다. 정철원 체제가 1년 차에 작은 결과를 연쇄로 쌓았다는 증거, 의회와 인사의 운영이 안정적이라는 증거, 사전투표와 이동 지원 같은 기본기를 정교하게 다졌다는 증거가 필요하다. 더불어민주당은 반대로 공천과 생활 성적표를 빠르게 복구해야 한다. 둘 중 누가 먼저 숫자와 일정, 책임의 문장을 꺼내느냐가 승부를 가른다.

담양 유권자는 대나무처럼 바람을 고르게 나눠주되 빈말을 싫어한다. 다음 표는 '누가 시간을 줄이고 위험을 낮추고 기회를 넓혔는가'라는 질문에 더 조용하고 구체적으로 답한 쪽으로 간다. 이번 선거도 다르지 않다.

정치판은 표에 앞서 사람이 모이고, 사람이 모이면 말이 힘을 얻고, 말에 힘이 붙으면 표가 따라온다. 겉으로는 간단해 보이지만, 실은 층층이 다른 결로 엮여 있다. 지역구에서 시작해 당 조직으로 번지고, 직능단체와 시민사회로 퍼지고, 끝내 전국적 이미지로 연결될 때 비로소 세력이라 부른다.

먼저 지역의 토양이 필요하다. 의정 보고회 한 번 잘하고 행사 몇 번 참석한다고 바닥이 생기지 않는다. 생활 문제를 달력으로 해결하는 습관이 세력의 씨앗이 된다. 버스 배차가 불규칙하면 어느 노선을 손볼지, 시장 통로가 위험하면 언제 공사를 시작해 언제까지 마칠지, 어린이 돌봄 자리가 모자라면 어떤 방식으로 몇 석을 추가할지 같은 문장으로 답해야 한다. 민원은 '해결한 경험'으로 쌓이고, 그 경험이 '평판'으로 번진다. 평판이 탄탄해질수록 동네의 상인회·입주자 대표회의·학교 운영위원회·체육회 같은 생활 조직이 자발적으로 연결된다. 세력의 최초 연료는 구호가 아니라 생활의 성실함이라 적는다.

당 조직을 움직이는 감각도 따로 있다. 동네의 당원협의회가 모두 지지하는 경우는 드물다. 같은 당 안에서도 경쟁과 이해가 있다. 그래서 설득의 언어가 필요하다. 공천을 둘러싼 줄서기보다, 공천 이후 함께 갈 수밖에 없는 '공동의 이익'을 증명해야 한다. 지역위원회 상설화, 정책 간담회 정례화, 당원 교육의 콘텐츠화 같은 지루한 일이 의외로 효과적이다. 토론하고 학습하는 조직은 '사람을 모아 줄 세우는' 방식보다 '사람을 키워 역할을 나누는' 방식으로 바뀐다. 인재를 등판시키고 공을 나눌 줄 아는 지도자에게 당원은 오래 붙는다. 지분을 나눌 줄 아는 사람이 끝내 권력도 오래 쥔다.

직능단체와 시민사회를 잇는 다리도 놓아야 한다. 의사·약사·택시·화물·소상공인·보육·청년 창업 같은 직능단체를 선거 때만 찾으면 마음을 닫는다. 평소 의제 발굴 워킹그룹을 만들어 회의록과 결과물을 남기고, 행정과 연결되는 라인을 열어주면 신뢰가 붙는다. 시민단체와의 관계도 마찬가지다. 성명서에 이름을 올려달라고 부탁하기 전에 자료와 근거를 함께 만들면 자연스레 협력의 기억이 생긴다. 세력의 폭은 '누구와 악수하는가'보다 '무엇을 같이 만들었는가'로 측정된다고 본다.

지역 청년층을 끌어들이는 기술은 다섯 글자로 요약된다. '기회와 지분'이다. 캠프의 '청년본부'라는 이름만 달고 실제 권한이 없으면 소모품 취급이라는 불신이 쌓인다. 청년 지역위원장에게 실제 예산을 맡기고, 공천 심사에서 혁신 슬롯을 열어두면 생태계가 생긴다. 작은 보좌진 채용·정책 공모·마을 우체통 프로젝트 같은 실험을 계속 돌리면 '내가 해봤다'라는 경험이 사람들을 묶어준다. 세력은 결국 '함께 일한 사람의 리스트'다. 명단이 아니라 경험의 리스트가 길어질수록 기반이 단단해진다.

전국으로 확장하는 길목에서는 미디어 감각이 성패를 가른다. 언론과 유튜브, 방송 패널과 팟캐스트가 이제 구조의 일부가 됐다. 여기에선 메시지의 밀도와 출연의 빈도가 동시에 중요하다. 이슈가 터질 때마다 화면에 얼굴을 비추되, 새로울 것 없는 비난과 감정적 언사를 쏟으면 오래 못 간다. 데이터와 사례, 시행착오를 드러내는 '운영 언어'가 반복될 때 인지도가 신뢰로 변한다. 유튜브는 양날의 검이다. 팬덤의 응원과 조회 수는 빠르게 모이지만, 사실 확인을 건너뛰고 상대를 공격하는 콘텐츠에 기대면 역풍이 훨

썬 거세다. 알고리즘이 오늘은 띄워주지만 내일은 외면한다. 결국 남는 것은 자료와 사실, 그리고 일관된 톤이다.

'세력의 경계는 어디까지냐'라는 질문에는 이렇게 답하고 싶다. 나를 지지하는 사람의 원이 점점 넓어질 때가 아니라, 나를 반대하던 사람과 최소한의 협업을 해냈을 때 비로소 경계가 넓어진다. 지역 통합 공약 하나를 합의하고, 상임위 조사에서 초당적으로 자료를 뽑아내고, 예산 심사에서 상대의 좋은 제안을 끌어안는 순간, 상대 진영의 온건파가 조용히 손을 잡는다. 그 침묵의 악수가 세력의 실제 크기다. 같은 편을 더 크게 모으는 기술만으로는 한계가 있다. 반대편의 합리와 연결되는 길을 열 줄 알아야 다음 선거에서 중도층이 움직인다.

정치인의 일상은 결국 조직 운영이다. '동원'의 정치에서 '참여'의 정치로 바꾸려면 장부와 일정이 투명해야 한다. 회의는 짧게, 기록은 길게, 실행은 꾸준히. 주민에게 공개하는 업무 대시보드와 월간 성과 리포트가 있을 때 조직은 '줄'이 아니라 '역할'로 움직인다. 역할로 움직이는 조직이 위기에 강하다. 악재가 터져도 책임의 분산이 아니라 해결을 위한 분업이 작동한다. 위기를 넘긴 기억이 쌓이면 신뢰는 더 단단해지고, 그 신뢰가 바로 세력의 질량이 된다.

현장에서 종종 보는 실패의 패턴도 적어둔다. 행사 위주의 보여주기, 인맥 유지용 식사 모임, 말만 요란한 포럼이 그것이다. 사람은 모이는데 할 일이 없다면 곧 피로가 쌓인다. SNS에 올라오는 사진은 풍성한데 동네 문제가 진행되는 상황은 비어 있다면 신뢰는 빠르게 빠져나간다. 팬덤 정치의 단맛도 조심해야 한다. 박수를 주는 손이 많아질수록 귀는 더 막힌다. 비판을 차단하면 세력은 커지는 게 아니라 딱딱해진다. 딱딱해진 세력은 충격에 잘 부서진다.

마지막으로, 전국구로 가는 사람들에게 한 가지를 더 권한다. '전국의 단 하나'를 찾는 감각이다. 누구나 말하는 공약이 아니라, 본인이 처음 시작했고 끝까지 가져갈 수 있는 의제를 하나 잡아라. 교통 약자의 이동권, 지방대학 연합 캠퍼스, 재난 대응 데이터 표준화, 군 장병 지역 연계 일자리 같은 분야가 될 수 있다. 현장에서 시행착오를 겪으며 이 의제를 모델로 만들고, 언론과 유튜브, 토론회에서 집요하게 반복하라. 해마다 지표를 올려 '진행 중'이 아니라 '진척 중'임을 보여주면 이미지가 아니라 레퍼런스로 기억된다. 레퍼런스가 곧 세력이다. 사람들은 결국 '잘하는 사람' 옆에 선다.

세력은 보이는 숫자보다 보이지 않는 습관에서 나온다. 생활을 달력으로 고치는 습관, 조직을 학습으로 움직이는 습관, 인재에게 지분을 나누는 습관, 자료로 말하는 습관, 반대와도 최소한 협업하는 습관. 이 습관이 쌓이면 지역의 지지망이 넓어지고, 당 안팎의 신뢰가 두꺼워지고, 미디어의 주목이 일시적 노출을 넘어 지속적 레퍼런스로 전환된다. 그때 비로소 '나의 사람'이 아니라 '일의 사람'이 모인다. 선거는 계절이지만 세력은 날씨다. 계절은 언젠가 끝나고, 날씨는 오랜 시간 평균을 만든다. 정치인의 세력은 그 평균을 어떻게 바꾸느냐에 달려 있다.

잠재력 넘치는 도시, 강릉

동해의 파도가 하루에도 몇 번씩 색을 바꾸는 도시가 강릉이라 한다. 설악산과 오대산이 뒤를 받치고, 앞에는 푸른 바다가 펼쳐져서 아침은 바람이 먼저 깨우고 밤은 파도 소리가 잠을 덮는다. 겨울이면 눈이 깊게 쌓여 고요가 도시를 감싸고, 여름이면 모래와 서핑보드가 가장 큰 뉴스가 된다. 바다와 산이 서로 안부를 주고받는 지형이니, 강릉의 생활은 사계절이 뚜렷하고 일상이 단단하다.

이 도시는 오래된 문화의 향이 진하다. 단오 때면 남대천에 그네와 씨름판이 서고, 신주를 맞아 풍년을 비는 의식이 이어진다. 허난설헌의 시가 바람처럼 남아 있고, 선교장 기와지붕 아래로 조선의 시간이 흐른다. 바닷바람을 타고 성장한 커피 문화도 강릉의 얼굴이 됐다. 안목항의 작은 로스터리에서 시작된 취향의 실험이 카페 거리를 키워냈고, 지금은 도시의 감수성을 상징하는 브랜드가 됐다. 관광도시의 인기 메뉴이면서도 창업과 일자리를 낳는 산업의 씨앗이라는 점에서 의미가 크다.

생활의 속도는 철도가 짧게 만들었다. 평창동계올림픽을 준비하며 놓인 선로 덕에 수도권에서 강릉까지의 거리는 지도보다 체감이 가까워졌다. 주말마다 가족 단위 여행객이 늘고, 평일엔 비즈니스 손님이 많아졌다. 교통의 개선은 곧 도시의 선택지를 바꾸는 법이라 한다. 숙박과 식음료만이 아니라 회의·전시·체험형 관광 같은 체류형 소비가 자리 잡을 토대가 마련됐다. 바다만 보던 시선이 산과 골목, 예술과 로컬 브랜드로 번지기 시작했다.

강릉 경제의 뼈대는 바다와 산이 함께 만든다. 수산과 가공, 제빙과 물류의 묶음이 항만을 중심으로 돌고, 농산물은 감자·배추·옥수수 같은 작목에서 가공과 유통의 스텝을 밟는다. 최근엔 서핑과 캠핑, 걷기와 자전거

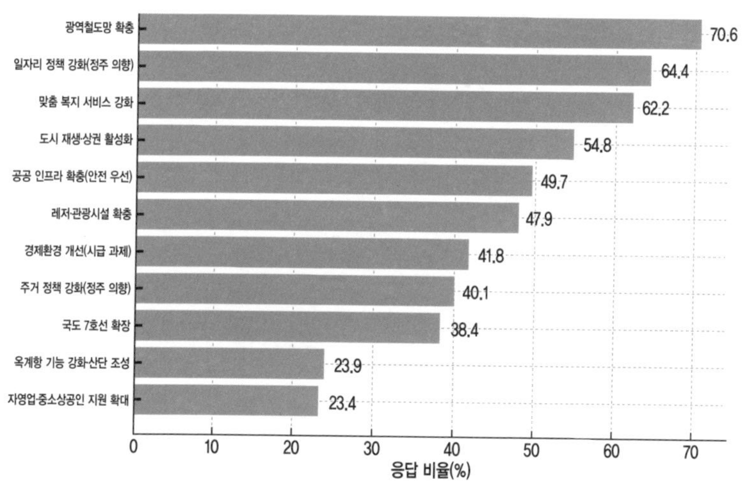

강릉 시민 설문: 핵심 정책 수요 신호(2024)
출처: 강릉시

같은 야외 활동이 사계절 관광을 붙잡는 중이다. 스포츠의 도시라는 이미지는 아이스아레나와 실내 체육 인프라로 넓혀지고, 산학 협력으로 이어지는 식품·바이오·친환경 소재의 싹도 자라고 있다. 작은 공방과 커피 로스터리, 양조장 같은 로컬 제조가 분산돼 있다는 점도 강릉의 질감에 힘을 더한다.

도시가 풀어야 할 숙제도 숨기지 않는다. 관광 성수기와 비수기의 매출 편차가 크고, 원도심과 해안권의 체감 격차가 뚜렷하다. 청년이 떠난다는 말이 반복될 만큼 정규직 기반의 일자리가 얇고, 숙련이 쌓일 직무 사다리가 부족하다. 여름 교통 정체와 주차난, 해변 쓰레기와 소음 같은 부담은 반복될수록 피로가 된다. 겨울 폭설과 집중호우에 대비한 안전·복구 시스템도 늘 시험대에 오른다. 도시가 다음 단계로 가려면 관광의 반짝임을 생활의 안정으로 번역하는 기술이 필요하다.

그렇다고 강릉이 작아 보이진 않는다. 도시의 잠재력은 이미 여러 장면에서 드러난다. 첫째, 사계절 레저의 밀도가 높아 체류형 산업으로 확장하기 좋다. 바다는 서핑과 낚시, 배 타고 나가는 체험으로 확장되고, 산은 트레일·산악자전거·치유숲 같은 콘텐츠로 이어진다. 둘째, 문화의 내공이 깊어 지역 예술과 로컬 브랜드가 만나면 상품성이 나온다. 카페와 빵집, 수제 맥주와 양조가가 관광의 소비를 일상으로 가져와 도시의 체온을 높인다. 셋째, 교통 회복력이 커지면서 회의·전시·스포츠 이벤트의 거점이 될 여지가 크다. 해변을 거닐다가 실내 경기장을 찾고, 산책로에서 담은 사진이 다시 도시 브랜드가 되는 선순환이 이미 시작됐다.

강릉의 표정은 아침과 저녁이 다르다. 아침은 해변에서 떠오르는 빛으로 시작하고, 저녁은 산 그림자가 내려앉는 골목에서 끝난다. 그 하루가 쌓여 도시의 성격이 된다. 오래된 것과 새로운 것이 충돌하지 않고 섞이는 솜씨가 강릉의 경쟁력이다. 바다를 보고 커피를 마시며 시간을 보태는 사람, 눈 오는 날 미끄러운 골목을 먼저 치우는 사람, 어선의 그물을 손질하는 사람, 엔진 소리를 낮추는 기술을 개발하는 사람까지 이 도시를 이루는 주인공은 다양하다. 서로의 시간을 존중하는 문화가 깊을수록 도시의 성장도 탄탄해진다.

정리하자. 강릉은 바다, 산, 문화, 교통이 한 장에 포개진 도시다. 자연의 풍경이 브랜드가 되고, 브랜드가 일자리가 되는 길이 이미 열렸다. 남은 일은 속도를 생활의 품질로 번역하는 일이다. 관광의 호황이 원도심의 매출과 청년의 첫 월급으로 이어지게 만들고, 사계절 레저의 기회가 안전과 환경의 기준을 높이는 동력으로 이어지게 만들면 된다. 파도는 매일 달라지지만 바다는 늘 같은 곳에 있다. 강릉도 그렇다. 변화의 파도를 잘 타는 도시가 결국 오래 남는다.

지난 강릉시장의 정책과 공약이행률 분석하기

강릉의 지난 10년은 '관광의 반짝임을 일상의 품질로 옮기는 실험'이라 요약한다. 평창동계올림픽의 후광, 수도권을 끌어당긴 철도의 시간 단축, 서핑과 커피로 상징되는 도시 브랜드가 한꺼번에 몰려왔다. 시장들은 이 물결을 놓치지 않으려 외연을 넓히는 데 공을 들였고, 생활 속 체감으로 번역하는 데서는 성과와 숙제가 함께 쌓였다고 본다.

가장 눈에 띄는 대목은 접근성 개선을 활용하여 체류형 관광으로 전환하려는 시도였다. 안목·경포 해변 일대를 축으로 한 보행 동선 정비, 공영 주차 확대, 야간 경관 조성 같은 '현장형' 약속은 비교적 빠르게 진도를 냈다. 축제와 이벤트를 사계절로 분산하려는 시도도 이어졌다. 이런 유형은 시가 단독으로 설계하고 집행하기 쉬워 공약 이행률이 높게 읽힌다. 실제로 주말 혼잡의 완화, 야간 체류 증가, 소상공 매출의 계절 편차 축소 같은 지표가 현장에서 보고되곤 한다. 다만 외곽 주차와 환승 셔틀의 세밀함, 골목 상권으로의 수요 확산은 늘 아쉬움이 뒤따랐다. '핫스폿만 더 붐비고 원도심은 여전히 한산하다'라는 체감이 그늘로 남는다.

해안과 산을 잇는 안전 대책은 공약의 진정성을 시험한 영역이다. 여름 피서철 쓰레기·소음·음주 난동 관리, 겨울 폭설과 해안도로 결빙 대응, 산불·집중호우 대비 같은 항목은 분기마다 성적이 갈린다. 현장 인력·장비 확충과 CCTV·스피커 등 스마트 관리 체계 보완은 일정대로 집행돼 체감이 분명해졌다. 반면 민원 다발 구간의 상시 통제 기준, 응급의료 접근 시간 단축, 침수·고립 도로의 구조적 개선은 예산·부처 조정에 걸리며 '진행' 상태가 길어졌다. 산불과 태풍을 겪은 뒤 마련된 보완책이 얼마나 현장 표준으로 정착했는지를 다음 여름과 겨울에 다시 채점받는 구조도 이어진다.

원도심 재생과 생활 SOC 확충은 꾸준히 진도를 냈다. 공원·도서관·체육시설 확충, 보행 환경 정비, 어린이·노년 복지 인프라 보강은 공약 대비 이행률이 높은 편이라 한다. 다만 사업의 조각이 흩어지면 체감이 약해진다. 상권, 주거, 교통을 한 묶음으로 설계한 구역은 성과가 또렷했고, 단일 시설만 들어간 곳은 '시설은 생겼는데 주변은 그대로'라는 반응이 남았다. 도시 재생의 성패는 공공시설 이용률과 빈 점포 전환율, 저녁 시간 보행량 같은 생활 지표로 가늠해야 한다는 교훈이 축적됐다.

산업과 일자리에서는 '관광 의존도를 줄이고 로컬 제조와 콘텐츠를 키우겠다'라는 약속이 반복됐다. 로스터리·양조·제과 같은 소규모 제조의 인증·위생·판로 지원, 청년 창업 인큐베이팅, 온라인 셀러 육성은 작은 성공을 여러 건 만들었다. 어가·농가의 가공 전환과 공동 브랜드화에 대한 시도도 누적되었다. 그러나 정규직 기반의 질 좋은 일자리, 숙련의 사다리를 만드는 과제는 더뎠다. 기업 유치와 공공 조달 연계, MICE와 스포츠 산업의 상시화가 공약에 담겼지만, 예산·인허가·민원 조정이 겹치며 '준비' 단계가 길어졌다.

결국 '첫 월급이 강릉에서 나오느냐'가 핵심인데, 이 지표로 따지면 절반의 성공이라 적는다.

주거와 민생 물가 안정은 관광 호황의 그늘을 관리하기 위한 약속이었다. 성수기 숙박료·임대료 급등을 완화할 제도적 장치, 생활물가 모니터링, 공공임대 확대 같은 장치가 순차적으로 도입됐다. 공약 자체의 이행률은 나쁘지 않았으나, 체감할 수 있는 안정으로 이어졌느냐는 별개다. 숙박·외식 가격과 시민 부담의 간극은 아직 해소되지 않았다. 행정이 가격을 직접 건드릴 수 없기에, 공약을 설계할 때부터 데이터를 통한 '비용·혜택' 공개와 자율 협약의 실효성을 높이는 쪽으로 재정비할 필요가 있었다.

환경과 해안 보전은 강릉답게 중요해졌다. 해변 사구 복원, 해안 침식 대응, 하천 수질 관리, 해안도로 경관 규제 등이 약속으로 나왔고 단계별로 진행됐다. 공사 기간의 불편과 상권에 미치는 영향에 대한 불만을 어떻게 낮추느냐가 관건이었고, 보상과 대체 동선을 선제적으로 설계할수록 갈등이 줄었다. '지금의 불편이 내년의 안전과 매출로 돌아온다'라는 신뢰를 쌓는 과정이 공약 이행의 핵심이라는 사실이 확인되었다.

재정과 거버넌스 측면에서는 투명성이 곧 힘이었다. 예산 우선순위 공개, 대형 사업의 단계별 성과 지표 공시, 민관 거버넌스 운영은 어느 시장 때나 강조됐다. 실제론 공시의 빈도와 질이 체감도를 갈랐다. 표를 움직이는 건 '홍보'가 아니라 '근거'라서, 배차 신뢰도, 환승 대기 편차, 공영 주차 회전율, 응급 이송 시간, 폐기물 회수율 같은 숫자를 주기적으로 보여준 팀이 신뢰를 얻었다.

정리하면 이렇게 쓴다. 강릉의 지난 10년 공약 이행은 생활형 약속에서 점수가 높고, 구조형 과제에서 '진행형'이 길었다. 접근성 개선을 발판으로 한 체류형 전환, 안전과 청결의 표준화, 원도심 재생과 생활 SOC는 꾸준히 도시의 하루를 바꿨다. 반대로 산업 다변화, 질 좋은 일자리, 원가 상승이 생활에 미치는 영향 완화, 대형 환경·해안 프로젝트에 대한 갈등 관리 같은 숙제는 더 묵직했다. 다음 시장에게 채점지는 이미 준비돼 있다. 관광의 반짝임을 시민의 월급과 저녁 시간의 여유로 연결하는가, 불편을 줄이는 과정의 투명성을 끝까지 지키는가, 숫자와 시간표로 약속을 운영하는가. 이 세 물음에 답하는 팀이 공약 이행률을 '생활의 변화'로 증명한다. 강릉은 결과보다 과정을 더 오래 기억하는 도시라서, 그 성실함이 곧 정치의 성적이 된다.

강릉에 필요한 정책 알아보기

바다는 매일 손님을 데려오지만, 시민의 저녁을 책임지진 않는다. 강릉의 관광을 생활의 안정으로 옮기는 일에 초점을 맞춰야 한다. 우선 체류형 산업으로의 전환이 급하다. 안목·경포 해변에 몰리는 사람을 원도심과 산쪽으로 자연스럽게 흘려보내려면 도보 동선, 소규모 전시장과 레지던시, 야간 프로그램을 연계한 도시형 루트를 촘촘히 깐다. 축제성 이벤트는 줄이고, 소규모 공연·마켓·공방 체험을 상시화해 주말과 평일 매출 편차를 낮춘다. 숙박과 식음료만으로는 불안정하니, 회의·전시·스포츠 행사를 묶는 MICE 수요를 키우되 지역 업체 의무 참여와 고용 연계 조항을 계약에 박아 체감 효과를 보장한다.

교통은 생활의 품질을 좌우한다. 성수기 차량이 해안도로를 점령하지 않게 환승 거점과 순환 셔틀을 계절별로 조정하고, 외곽 공영 주차장을 시간대별 요금으로 유도한다. 경포-안목-원도심을 잇는 순환 버스 배차를 촘촘히 하고, 보행자 우선 구역과 자전거 연결로의 끊긴 구간을 메우면 차를 두고 걷는 선택이 가능해진다. 바닷길 주차 단속만 세게 하는 방식은 반발만 키운다. 주민 전용 구역, 상가 상생 주차, 임시 주차장 정보 제공을 데이터로 실시간 공개해 예측 가능한 도시로 만든다.

주거와 물가의 숨통도 터야 한다. 성수기 바가지 논란을 행정 처벌로만 다룰 수는 없다. 숙박·외식 업계와 자율 협약을 맺되, 참여 업소가 이행하면 홍보·세무·위생 점검 인센티브를 묶고, 미이행 업소는 데이터로 공개하는 상호 감시 구조를 만들자. 청년과 관광업 종사자를 겨냥한 역세권·원도심 공공임대와 공동 기숙사 모델을 확대하고, 빈집 리모델링을 소규모 장기 임대로 전환해 신혼부부와 청년에게 공급하면 이탈을 줄일 수 있다.

일자리의 질을 당겨 올리는 장치가 필요하다. 커피·제과·양조 같은 로컬 제조에 공공 조달과 규격 인증을 붙여 납품 실적을 쌓게 하고, 식품·관광·디지털 분야에서 재직자 전환 교육을 상설화해 숙련의 사다리를 만든다. 서핑·레저 사업장은 안전교육, 장비 정비, 환경보전을 함께 묶은 인증제를 도입해 시즌 노동을 숙련 직무로 끌어올린다. 스포츠 대회와 공연 유치 계약에 지역 인턴·스태프 채용 의무를 포함시키면 청년의 첫 월급이 강릉에서 나온다.

농수산은 가공과 브랜드로 답을 찾아야 한다. 감자·배추·옥수수 같은 주 작목과 오징어·홍게·붉은대게의 가공 비중을 키워 수입 변동성을 줄이고, 공동 급식·공공 조달을 안정 판로로 만든다. 수산물 산지 경매의 정보 비대칭을 줄이기 위해 가격과 물량을 일 단위로 공개하고, 소규모 선망·연안어선에 냉장·포장 공동 시설을 마련해 신선도와 단가를 동시에 올리자. 관광지 기념품을 지역 식품과 공예품으로 대체할 수 있게 표준 패키징 및 디자인을 지원하면 매출이 남는다.

도시 재생은 콘텐츠와 교통, 상권 회복을 한 묶음으로 설계해야 효과가 난다. 원도심 빈 점포에 공공 앵커(작은 도서관·공유 주방·창작 공방)를 심고, 위층은 장기 임대주택으로 개조해 주거와 상업의 공존을 꾀한다. 저녁 보행 안전, 간판 정비, 쓰레기 수거 시간 조정 같은 미시적 정책을 상가와 함께 설계하면 체감이 빠르다. 흩어진 작은 성공을 가늘게 오래 이어가는 것이 강릉형 재생의 해법이다.

에너지와 탄소도 실용적으로 접근하자. 관광지 대형 숙박시설과 공공 건물에 태양광·ESS(에너지 저장 장치)를 묶은 마이크로그리드를 시범 도입하고, 여름 피크 시간대 전력 요금 경감 프로그램을 연계하면 비용과 탄소배출을 동시에 낮출 수 있다. 전기차 충전은 해변 편중을 피하고 생활 거점·주택가 비중을 높여 시민 사용을 보장한다.

강릉의 정책은 홍보보다 근거가 표심을 움직인다. 시간을 줄이고, 위험을 낮추고, 기회를 넓힌다. 그렇다면 강릉의 다음 10년은 지금보다 훨씬 단단해진다.

강릉시장에 어떤 사람이 출마할까

강릉의 표심은 파도처럼 출렁여도 결국 생활로 되돌아온다. 관광객이 몰리는 주말에도 주민이 편히 다닐 수 있는가, 성수기 물가가 덜 요동치는가, 청년의 첫 월급이 이 도시에서 나오느냐가 승부를 가른다. 이 잣대로 세 사람의 면모를 살핀다.

김홍규 강릉시장은 현직 프리미엄이 뚜렷하다. 예산과 공사, 인허가의 시간표를 손에 쥐고 있어 도심 순환 교통, 해변 혼잡 관리, 원도심 재생 같은 현안에서 분기 단위 결과를 바로 보여줄 수 있다. KTX 접근성과 사계절 레저를 엮어 체류형 소비를 키우려는 시도도 이어왔다. 재난·안전 시스템, 여름 쓰레기·소음 대응 등 운영의 디테일을 챙겼다는 평가도 있다. 약점은 피로감이다. 관광 중심 정책이 상징만 강조했다는 반발, 성수기 가격 논란, 공사 구간 상권의 매출 타격 같은 민원이 누적됐다.

김중남 더불어민주당 강릉지역위원장은 대안 서사를 만들 수 있는 카드다. 관광의 반짝임을 생활 안정으로 옮기자는 메시지, 원도심·청년·돌봄을 묶는 생활형 공약, 중앙당 네트워크를 통한 국비 패키지 제시가 장점이다. 소규모 제조·콘텐츠·로컬푸드와 공공 조달을 연결해 '첫 납품, 첫 월급'을 만들겠다는 실무형 접근을 내세운다면 중도층이 귀를 연다. 약점은 광역·기초 행정을 실전에서 운전한 경험이 얕다는 점, 보수 성향이 강한 지역에서 조직전의 열세가 예상된다는 점이다.

김한근 전 강릉시장은 복귀 카드의 상징성이 있다. 시정의 '기계실'을 이미 돌려본 경험, 중앙 부처 및 도와의 조율 경로, 미완 과제의 연속성을 강조할 수 있다. 대규모 사업의 인허가·보상·갈등 관리의 노하우, 원도심 재생과 공공시설 운영의 현장 감각은 자산이다. 약점은 과거 평가가 현재로 소환된다는 점이다. 지적받았던 공약의 미완, 소통 방식에 대한 비판, 상권·환경·가격 문제의 해법을 시민은 기억한다. 복귀를 위한 명분으로 시민을 설득하려면 '그때 부족했던 점'을 숫자와 제도로 어떻게 고쳤는지, 어떤 팀으로 운영 품질을 끌어올릴지부터 명쾌해야 한다.

세 사람 모두에게 공통의 시험지가 있다. 관광 혼잡을 줄이는 교통 설계, 성수기 가격 안정과 주민 체감 인센티브, 청년의 숙련 사다리, 해안·산불·폭설에 대비한 상시 안전 표준, 원도심의 저녁 보행 품질이다. 유권자는 거창한 비전보다 계약서 같은 문장을 찾는다. 공영 주차장 확충과 순환 셔틀 증편의 날짜, 숙박·외식 자율 협약의 이행률 공개, 로컬 제조의 공공 조달 매칭 수량, 계절노동의 상시·숙련 전환 규모, 응급·제설·배수의 대응 기준을 언제 어떻게 바꾸는지. 이 문장을 더 조용한 톤으로, 더 구체적인 숫자와 함께 내놓는 후보가 강릉에서 유리해진다.

정치 바람의 변수도 없지 않다. 중앙 정치의 논란이 커질수록 현직과 전직은 결집을, 도전자는 확장을 노린다. 다만 강릉은 생활의 도시다. 파도는 요란하지만, 표는 차분하다. 누가 시간을 줄이고 위험을 낮추고 기회를 넓히는지, 그 약속을 일정과 책임으로 못 박는지. 이 간명한 질문이 강릉시장 선거의 결론을 만든다.

강원도지사에 어떤 사람이 출마할까

강원도지사 선거는 늘 산맥처럼 험하다. 동서로 갈라진 생활권, 계절에 따라 표정이 달라지는 산업구조, 인구 감소와 관광 의존의 이중 과제가 한꺼번에 묶여 있다. 표는 말보다 운영을 보고, 약속보다 시간표를 본다. 그런 잣대로 네 사람을 훑어본다.

김진태 강원도지사는 현직 프리미엄을 쥐고 있다. 도청의 기계실을 직접 돌려본 경험, 예산 배분과 공사 일정, 중앙과의 조율 동선을 손에 쥔 강점이 분명하다. 강원특별자치도 출범의 후속 과제를 밀어붙이는 추진력, 규제 완화와 관광 재가동에 속도를 내는 결단력도 무기라 한다. 재난과 안전, 산불과 폭설 대응에서 '지휘 체계가 보인다'라는 평가가 따라붙는다. 반면 강한 메시지의 정치가 중도층 피로를 키울 수 있고, 개발사업의 후유증과 재정·채무 관리, 환경 논란이 반복되면 외연이 좁아진다. 수도권 관광 수요의 계절 편차를 줄이는 체류형 전략, 동서 교통망과 지역 의료 확충에 대한 구체적 숫자를 더 자주 내놓아야 유리해진다.

이광재 전 강원도지사는 '비전 설계자'의 얼굴이 선명하다. 혁신·친환경·디지털을 한 판으로 엮는 능력, 중앙 네트워크를 동원해 국비 패키지를 끌어오는 설득력이 장점이다. 청년 정착과 교육, 창업 생태계 조성의 서사도 탄탄하다. 약점은 두 가지다. 과거 사법 리스크의 잔상이 일부 유권자에게 남아 있고, 큰 그림이 생활의 체감으로 번역되는 속도가 더딘 순간 '말은 큰데 당장 달라지는 게 없다'라는 반응이 나온다. 동서 고속화 축, 의료·바이오, 문화·관광의 삼각 편대를 시간표로 못 박는 태도가 관건이라 한다.

김완섭 전 환경부 장관은 '기술관료형 안전 운전'이 강점이다. 수질, 폐기물, 생태와 같은 민감한 사안을 다룬 행정 이력, 대형 인허가와 환경 영향 평가의 절차를 통제한 경험은 강원형 개발 갈등을 줄이는 데 유효하다. 수열·풍력·수소 등 에너지 전환과 산불·홍수 리스크 관리도 전문성이 빛난다. 약점은 인지도와 지역 기반의 얇음이다. 춘천·원주 바깥 군 지역에서 '낙하산' 프레임에 걸리기 쉽고, 정치적 스토리가 빈약하면 기술자의 언어로만 들린다.

우상호 정무수석은 '조정자'의 기질이 뚜렷하다. 국회와 청와대 라인을 아우르는 협상력, 인사·예산·법안을 한데 묶는 조율 능력이 도정에 바로 투입될 카드다. 동해 서부권 메가 관광 벨트, 동서 철도·도로, 국립 의료·교육 인프라 같은 굵직한 과제를 중앙정부와 직결해 처리할 장점이 있다. 약점은 지역성의 부재다. 강원 토박이 네트워크가 얇고, 외부 인사라는 경계심이 남는다. '서울 사람' 이미지가 강하면 원주·춘천을 넘어서 강릉·삼척·태백의 생활 언어로 파고들기 어렵다. 이를 상쇄하려면 도민 추천형 인선, 권역별 상설 민관 협의체, 100일 내 착수할 10개 소규모 생활 프로젝트를 먼저 공개하는 전략이 필요하다.

정당 지형의 바닥색도 변수로 남는다. 강원은 전통적으로 보수 성향이 강하지만, 원주·춘천·강릉의 도심권은 바람이 잦다. 중앙 정치의 기류가 거세질수록 현직과 조직이 결집하고, 반대로 생활의 피로가 쌓일수록 대안 서사가 힘을 얻는다. 이번 선거는 감정의 언어보다 운영의 문장에 더 민감하게 반응한다. '언제부터 무엇이 달라지는가'를 묻는 표가 두텁다.

결론은 간단하다. 네 후보 모두 간판은 충분하다. 그러나 강원 표는 간판보다 시간표를 고른다. 누가 속도를 생활의 품질로 번역하고, 갈등을 비용과 보상으로 공정하게 정리하며, 숫자와 책임을 공개하는가에 따라 판이 기운다. 산과 바다가 만나는 땅의 표심은 늘 고집이 있다. 약속을 달력으로 바꾸는 사람, 그 사람이 강원도청의 문을 연다.

정치에 상처 입은 강원을 누가 어루만지나

강원은 지난 몇 해를 거치며 마음에 흠집이 깊게 남았다. 놀이공원 하나에서 시작된 채무 파동이 도 전체의 신용을 흔든 레고랜드 사태, 강릉의 간판급 정치인이 남긴 잔상, 그리고 강릉권 가뭄으로 드러난 물의 취약성까지 겹치면서 시민은 한숨을 길게 쉬었다. 가뭄은 하늘 탓이라 받아들이려 해도, 정치의 실책만큼은 용납이 쉽지 않다. 약속이 종이 위에서만 반짝이고, 과정은 어둡게 가려진 채 결과만 덜컥 떨어지는 광경을 강원도민은 너무 자주 봤다. 물길이 마르면 논이 갈라지듯, 신뢰가 마르면 표심도 갈라진다.

이제 질문은 하나다. 차기 지방선거에서 누가 이 금을 메울 수 있느냐. 말보다 운영으로 답해야 한다. 시민이 바라는 건 거창한 선언이 아니라 일정표와 책임자, 그리고 매달 확인 가능한 숫자다. 레고랜드 사태의 후과를 정리하려면 재정의 체온부터 안정시켜야 한다. 단기 차환과 이자 구조만 손보는 임시 처방을 넘어서, 도의 보증·출자·PF 사업 전 과정을 상시 공개하는 '재정 투명 창구'를 열어야 한다. 분기마다 채무 잔액, 금리, 만기 구조,

리스크 노출을 표로 보여주고, 신규 개발은 이익·손실·보상 계획을 동시에 심의하도록 제도를 고쳐야 한다. 개발은 속도가 아니라 안전이 이기는 영역이라는 점을 정치가 먼저 인정하면 신뢰가 돌아온다.

강릉의 마음을 어루만지는 길은 더 구체적이어야 한다. 가뭄 대응은 댐과 취수원이라는 하드웨어만으로 끝나지 않는다. 생활 물 순환, 관로 누수 저감, 비상 급수 체계의 표준화가 함께 들어가야 체감이 생긴다. 어느 동네에서 하루에 얼마나 물이 새는지, 예산이 어디에 쓰였는지, 절수 기준이 어떤 단계로 움직이는지 시민과 공유하면 불안이 줄어든다. 여름에 바다로 몰리는 인파를 통제하는 방식도 바꿔야 한다. 단속으로는 갈등만 키운다. 환승 주차와 순환 셔틀, 물 사용량이 급증하는 구간의 시간대별 관리, 상수원 보호구역의 유연한 보상 설계까지 묶어야 한다. 물 문제를 '환경'이 아니라 '생활'로 다루는 팀이 상처를 덜 아프게 만든다.

정치의 상처는 정치의 언어로도 치유되지 않는다. 강원에서 통하는 말투는 낮고, 조용하고, 생활의 단어로 이루어져야 한다. 공모와 공천 과정부터 달라져야 한다. 누구의 사람인지가 아니라 무엇을 언제까지 할 사람인지가 기준이 되어야 한다. 권역별 상설 민관 협의체를 열고 관료와 전문가, 시민을 섞어 갈등 조정을 제도화하면 즉흥과 돌발의 빈틈이 줄어든다. 행정은 실패도 기록해야 한다. '무엇을 왜 접었는지' 적어두면 비슷한 상처가 반복되지 않는다. 그 기록을 공개하는 순간 정치의 진심이 비로소 보인다.

경제의 체력을 회복시키는 일도 상처 치유의 일부다. 관광의 반짝임이 주민의 월급으로 떨어지도록 계약서를 바꿔야 한다. 대형 행사와 축제 유치에는 지역 고용·조달 의무를 붙이고, 숙련을 키우는 재직자 전환 교육을 연중 상설화해야 한다. 동서 교통망을 고도화하되, 정시성과 환승 품질을 분기 지표로 관리하면 '빠르게 왔다가 빨리 떠나는' 흐름이 '머무는 소비'로 바뀐다. 제조와 농수산은 가공과 물류의 사다리를 먼저 놓아야 한다. 강원형 공동 브랜드와 공공 조달의 연결이 작동하면 작은 공방과 농가에도 숨이 붙는다.

강원은 큰 목소리에 흔들리지 않는 땅이다. 성과표를 분기마다 꺼내놓는 성실함으로 상처 위에 살을 덧대면 된다. 강릉의 쓰디쓴 마음도 결국 그렇게 누그러진다. 바다는 매일 달라지지만, 파도를 건너는 법은 꾸준함에 있다. 강원 정치가 배의 방향을 바로잡을 차례다.

강원의 주목할 지역, 강릉

강릉을 들여다보면 동해의 물결보다 먼저 표심의 결이 보인다. 오래도록 보수의 깃발이 펄럭이던 해안 도시, 선거 때마다 조직과 습관이 든든하게 버티던 곳이라 한다. 문제는 공기 중에 쌓인 분노와 피로다. 가뭄이 수도꼭지까지 올라왔던 지난겨울의 기억, 성수기마다 반복되는 교통체증과 물가 급등, 해안 상권과 원도심의 온도 차, 정치권의 설익은 공방이 한꺼번에 감정의 저수지를 말려버렸다.

강릉 시민의 분노는 한 방향 신호가 아니다. 관광객이 몰리는 주말이면 바닷길이 멈춰 서고, 바가지 논란이 또 올라온다. 일자리는 사계절로 못 버티는 경우가 많고, 숙련을 쌓을 사다리가 짧아 금세 그만둔다. 바다와 산이 동시에 위험을 던지는 지역 특성상 폭설과 산불, 집중호우 때 행정의 손발이 더디면 불신은 순식간에 번진다. 이런 생활형 불편이 정치 혐오로 곧장 연결된다. 보수든 진보든 간판보다 운영을 보겠다는 여론이 두꺼워진 이유다.

그래서 이번 지방선거에서 강릉은 묻는다. 말이 아니라 정답을 가져오라. 환승과 주차, 순환 셔틀을 계절별로 어떻게 늘릴지, 해변과 원도심의 매출 격차를 어떤 프로그램으로 메울지, 성수기 가격 안정을 어떤 자율 협약과 인센티브로 담보할지, 가뭄과 산불에 맞선 비상 체계를 어떻게 상시화할지. 숫자와 책임자를 박아둔 약속만 통한다. 장밋빛 비전은 바닷바람에 금방 날아간다.

정치 지형의 바닥색은 여전히 보수 우세다. 하지만 '당연히'라는 단어가 주는 위험을 강릉만큼 또렷이 보여주는 곳도 없다. 표심의 균열은 대개 생활의 골짜기에서 시작된다. 원도심 상인의 저녁 매출, 청년의 첫 월급, 응급실 접근 시간, 겨울철의 제설 속도 같은 지점에서 불만이 숙성되면 조직의 두께도 버티기 어렵다. 반대로 생활에서 신뢰가 회복되면 정당의 실수 한두 번쯤은 품어준다. 강릉은 성과를 오래 기억하고 빈말은 빨리 잊는다.

선거 전략도 달라져야 한다. 유세장의 볼륨을 낮추고, 생활의 단어를 늘리는 쪽이 유리하다. 해변에만 눈 돌리지 말고 골목의 밤길 조도, 쓰레기 수거 시간, 소음 민원 응대 같은 디테일을 앞세워야 한다. 관광이 만든 반짝임을 상시 일자리로 번역하겠다는 계약서형 공약, 예컨대 지역 행사 유치에 지역 고용 의무를 묶고, 레저 업종의 계절노동을 숙련 직무로 전환하겠다는 계획을 들고 와야 한다. 가뭄의 상처를 다독일 문장도 필요하다. 관로 누수 저감률과 비상 급수 거점 위치, 절수 단계 전환 기준을 공개하고, 취수원 다변화의 시간표를 분기별로 설명하면 시민의 불안이 내려간다.

민심의 시계를 거꾸로 돌리는 건 공천의 품격이기도 하다. 강릉 유권자는 누가 누구 편인지보다 무엇을 언제까지 할 사람인지에 관심이 많다. 실무형 부시장감, 재난·교통·상권을 맡을 핵심 보좌 라인업을 조기에 공개하면 낙하산 논란이 약해지고, 공약의 신뢰도도 오른다. 반대로 자리 나눠 먹기와 말 바꾸기가 보이는 순간, 표심은 차갑게 접힌다.

상상 가능한 장면은 둘이다. 변화가 미동에 그치면 보수는 굳건함을 다시 증명한다. 반대로 분노가 생활의 채점표로 이어지면 결과는 얇게라도 움직일 수 있다. 그 경계는 의외로 가까이에 있다. 휴일 오전의 순환 셔틀 배차 간격, 해변 인근 임시 주차장 정보 공개, 원도심 빈 점포의 전환 속도, 응급 이송 시간의 몇 분. 이 미시적인 것들이 쌓여 표심이 방향을 바꾼다.

강릉은 바다가 만든 도시가 아니라 사람이 지키는 도시다. 시민의 하루를 가볍게 만드는 쪽, 시간을 줄이고 위험을 낮추고 기회를 넓히는 쪽이 강릉에서 이긴다. 이 원칙을 지키면 보수의 아성도 다시 단단해지고, 어기면 '당연함'은 한순간에 무너진다. 이번 선거는 그 경계선을 누가 먼저 정확히 읽어내느냐의 싸움이다.

국회와 지방자치는 따로 달리는 두 선로가 아니라, 분기기와 환승역을 촘촘히 공유하는 하나의 노선이라 본다. 지방에서 문제를 발견하고, 중앙의 법과 예산으로 해결 장치를 만들고, 다시 지방에서 성과를 검증하는 순환이 제대로 돌아갈 때 정책은 속도와 품질을 동시에 얻는다.

일감의 출발점은 대개 현장이다. 단체장이 도시철도 환승 불편, 산업단지 용수 부족, 돌봄 공백 같은 생활형 과제를 들고 오면 국회의원은 이를 중앙 정책 언어로 번역한다. 상임위 질의와 법 개정안, 예산 요구서가 그 번역 도구다. 국토교통·행정안전·보건복지·산업통상·교육 등 관련 상임위 소속 의원이 지역 현안을 '전국 어젠다'로 끌어올리면, 부처는 제도와 지침을 손보고 예산 라인을 찾는다. 이 단계에서 단체장에게 필요한 기술은 자료와 일정이다. 데이터, 도면, 수요 예측, 이해관계자 합의문을 갖춘 제안은 상임위 문턱을 쉽게 넘긴다. 말보다 도표가, 구호보다 달력이 먹히는 구간이다.

예산은 초반부터 공동 작업이 필수다. 지방자치단체가 중기 지방 재정 계획에 우선순위를 박아두고, 국회의원이 정부 예산 편성 초기 단계에서 해당 부처와 기획재정부를 동시에 설득하면 성공 확률이 확 올라간다. 본예산에 못 올렸다면 예비 타당성 조사 면제 요건이나 지역 균형 발전 특별 회계를 겨냥하는 우회로가 있다. 여기서 흔히 벌어지는 '쪽지 예산'식 끼워 넣기는 단기 성과엔 유혹이지만, 집행 단계에서 제동이 걸리기 쉽다. 사업 타당성·환경 영향·지방비 조달력까지 함께 설계한 패키지가 돌아가는 해법이다.

법과 제도를 건드는 일은 더 느리고 더 중요하다. 안전기준, 개발 밀도, 규제 특례, 교원 배치, 사회 서비스 인력 기준 같은 항목은 지방자치단체 혼자 바꿀 수 없다. 단체장은 광역단체장 협의체나 전국시장군수구청장협의회를 통해 공동 요구안을 만들고, 지역구·비례를 아우르는 초당적 연구 모임과 의원 연맹을 설득의 교두보로 삼는다. 국회도 '지역특례법'만 쌓기보다 일반법을 손봐 전국 표준을 끌어올리는 방식을 선호한다. 한 지역의 사례가 다른 지역의 성과로 확장되는 순간, 정치는 갈등 비용을 줄이고 행정은 학습효과를 얻는다.

소통의 형식도 성패를 가른다. 실무진끼리 수시로 만나는 국회-지자체 합동 TF가 있으면 보고의 단선이 사라진다. 단체장과 지역 의원이 격월 정책 간담회를 고정으로 열고 회의록을 공개하면 책임의 위치가 또렷해진다. 국정감사와 행정 사무감사를 '견제의 장'으로만 보지 말고, 다음 해 제도 개선의 메모장으로 활용하면 속도가 붙는다. 공청회는 단체장의 '프레젠테이션'이 아니라 이견을 미리 조정하는 '조율 테이블'이라는 인식 전환이 필요하다.

정치적 역학을 피할 수는 없다. 같은 당이면 협업은 빠르지만 느슨해지기 쉽고, 다른 당이면 때로 갈등이 심하나 합의를 이뤄내면 탄탄하다. 그래서 단체장에게는 대체 경로가 있어야 한다. 상임위 다변화, 타 지역 의원과의 교차 연대, 시민단체·직능단체와 공동 연구 보고서 발간 같은 장치가 '정파의 문턱'을 낮춘다. 의원에게도 숙제가 있다. 지역 언론 앞 성과 홍보보다 법령·지침·예산 문서에 남는 구조적 변화를 우선순위에 올릴 때 장기 신뢰가 쌓인다.

감사와 통제의 연결고리도 중요하다. 중앙 부처와 감사원이 지자체 사업을 점검하고, 지방의회가 집행부를 상시 감시한다. 국회는 법률과 예산으로 통제하지만, 실제 현장 개선은 단체장의 운영 역량이 좌우한다. 이때 공개와 데이터가 가교다. 사업 추진 현황을 대시보드로 공개하고, 분기 성과 지표를 표준화하면 중앙의 통제와 지방의 자율이 충돌하지 않는다. 시민은 숫자로 보고, 정치는 책임으로 답한다.

사람의 경로도 연결을 돕는다. 국회의원 출신 단체장은 여의도의 문법을 안다. 어느 상임위에 언제 들이밀어야 문이 열리는지, 해당 부처와 기획재정부 중 어디를 먼저 설득해야 하는지 체감이 있다. 반대로 단체장 출신 국회의원은 현장의 좌표를 안다. 법 한 줄이 집행되면서 어디서 막히는지, 지침 한 문장이 얼마나 많은 민원을 줄이는지 눈으로 본다. 두 경력은 서로의 빈틈을 메운다. 지방과 중앙을 오가는 인사 교류, 정책 보좌 인력의 장기 파견 같은 장치가 실무의 언어를 통일한다.

미디어를 통한 여론 형성은 촉매다. 단체장이 현장 영상을 데이터와 함께 꾸준히 공개하면 국회는 정책 수용의 정치적 비용을 낮출 수 있다. 반대로 의원이 지역 현안의 전국적 의미를 해설하면 부처의 우선순위가 움직인다. 다만 보여주기 행사와 즉흥 공약은 신뢰를 깎는다. '영상 1, 문서 9'의 원칙을 지키는 팀이 결국 성과를 남긴다.

실전에서 먹히는 협업의 순서를 간추려본다. 먼저 지자체는 문제를 사실로 정의하고, 대안 시나리오를 2안까지 준비한다. 다음으로 지역 의원과 상임위 리인을 정하고, 해당 부처-기획재정부-청와대 라인을 동시에 매핑한다. 이어 국회 토론회와 부처 실무 협의를 병행해 쟁점을 축소하고, 예산과 법 개정의 트랙을 나란히 돌린다. 마지막으로 집행 단계의 리스크 관리 계획을 함께 발표한다. 부지 매입, 환경 인허가, 주민 보상, 지방비 조달, 운영 인력까지 미리 설계하면 '통과는 했는데 못한다'는 사태를 피한다. 이 리스트가 정교해질수록 지방의 한 걸음이 국가의 한 걸음이 된다.

국회와 지방자치는 서로의 문장을 완성하는 공동 저자다. 단체장은 생활의 문장을 쓰고, 국회의원은 법과 예산의 문장을 더한다. 좋은 문장은 근거가 탄탄하고, 일정이 명확하고, 독자가 이해하기 쉽다. 그 모든 요소를 챙기는 팀이 연결고리를 튼튼하게 만든다. 연결이 단단해질수록 지방의 일상은 덜 흔들리고, 중앙의 정책은 더 현실을 닮는다.

대한민국 최고의 관광지, 제주

비행기 문이 열리면 먼저 공기가 다르다. 바다 소금기와 화산섬 흙내가 뒤섞여 코끝을 톡 건드린다. 그 두 줄기 냄새가 만나는 땅이 제주다. 한라산 백록담에서 시작해 검은 용암 지대와 곶자왈 숲으로 흘러내리고, 그 사이로 오름이 점점이 박혀 지형이 입체를 이룬다. 유네스코의 여러 이름표가 괜한 장식이 아님을 금세 깨닫는다. 눈에 보이는 초록과 파랑뿐 아니라, 바람과 물길, 돌담과 밭담이 만든 질서가 오래된 기술처럼 작동한다.

관광의 섬에는 사계절 내내 비행기가 뜨고 내리며 사람을 실어 나르고, 렌터카와 버스가 해안도로를 물결처럼 흐른다. 카페에서의 한 잔, 오름 한 바퀴, 올레 한 구간이 하루의 일정이 되고, 저녁의 노을이 숙소의 가격을 바꾼다. 관광이 가져다준 활력은 크다. 민박과 호텔, 식당과 카페, 액티비티

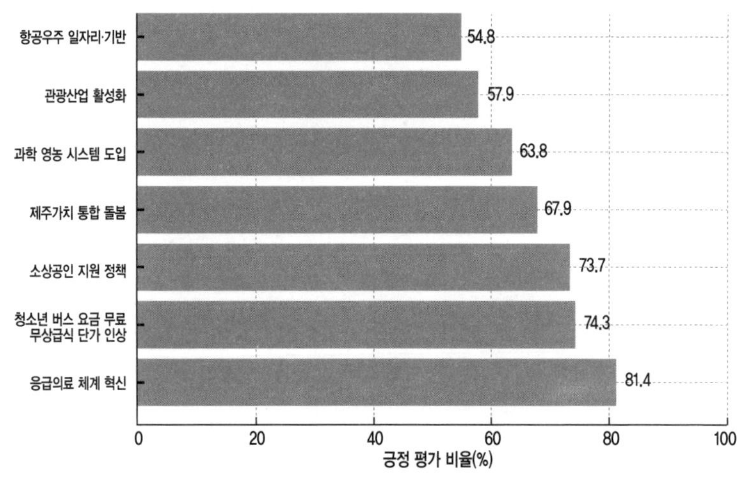

제주도정 핵심 정책 도민 체감도(2025)
출처: 제주연구원

와 로컬 체험이 만들어내는 일자리의 층이 두꺼워졌다. 농어민에게도 새로운 판로가 열렸다. 감귤과 한라봉, 흑돼지와 갈치가 상품으로 다시 태어나고, 전통과 현대가 섞인 식탁이 여행의 이유가 됐다.

그렇다고 반짝임만 있는 건 아니다. 외부 수요가 몰릴수록 생활은 기울기 쉽다. 성수기 교통 정체와 쓰레기, 지하수와 하수 처리의 부담, 집값과 임대료 상승, 관광지와 생활권의 긴장 같은 문제가 함께 따라붙는다. 관광업의 비정규·계절노동이 숙련의 사다리로 이어지지 못하는 고질도 남아 있다. 제주를 '살 섬'으로 유지하려면 반짝임을 생활의 안정으로 번역하는 행정력이 필요하다. 교통은 환승 거점과 공항·항만 연계, 해안 순환과 내륙 횡단의 균형을 촘촘히 맞춰야 하고, 쓰레기와 수자원은 기본적으로 계절 변동을 전제로 상시 관리해야 한다.

자연과 공존은 섬의 운명적 과제다. 곶자왈과 오름, 해양보호구역과 습지는 섬의 폐와 심장에 가깝다. 개발의 속도와 보전의 원칙을 맞바꾸지 않으려면 '어디에, 얼마나, 무엇을'의 기준을 선명하게 세우고 지켜야 한다. 바람이 많은 섬의 특성을 살린 재생에너지 전환도 속도를 내되 주민 수용성을 함께 설계해야 한다. 풍력·태양광·ESS가 관광과 경관을 해치지 않도록 입지와 보상, 운영 정보를 투명하게 공개하면 갈등의 온도가 내려간다.

섬의 산업 지도는 관광 한 장으로 설명되지 않는다. 농업은 감귤류와 월동 채소, 축산과 가공이 얽힌 생태계를 이룬다. 어업은 계절과 물길, 기후의 변동성을 정면으로 맞는다. 이 두 축을 튼튼히 하려면 저장, 가공, 물류의 연결을 더 단단히 해야 한다. 공동 선별과 브랜드, 공공 조달과 온라인 판로가 생활 소득의 안전판이 된다. 문화와 콘텐츠의 힘도 만만치 않다. 해녀의 작업요와 굿, 마을의 신화와 설화, 돌하르방과 밭담 같은 로컬 자산이 전시와 공연, 체험으로 확장되며 체류형 소비를 만든다.

사람의 문제로 오면 더 섬세해진다. 외지 이주민과 원주민, 관광 노동자와 지역 청년의 생활권이 겹치면서 작은 마찰이 생긴다. 학교와 병원, 돌봄과 주거, 교통과 안전의 기본 서비스가 한 박자만 늦어도 불편이 커진다. 그래서 행정은 '관광객 수'보다 '주민의 하루'를 우선순위로 놓아야 한다. 올레길의 표지판만 선명할 게 아니라, 골목의 가로등과 밤길의 안전, 바람 센 날의 응급 이송과 폭우 뒤 배수 같은 기초가 흔들리지 않아야 한다.

제주는 바람과 돌, 사람의 기술이 만든 섬이다. 관광이 섬을 유명하게 만들었지만, 생활이 섬을 지속 가능하게 만든다. 그 생활을 지키는 힘은 자연을 아끼는 규범과 운영의 성실함에서 나온다. 여행자는 제주를 기억하며 돌아가고, 제주의 사람은 그 기억을 다음 손님에게 이어준다. 이 배턴 터치가 흔들리지 않는 한 제주라는 이름은 앞으로도 대한민국 최고의 관광지이자 '살아볼 만한 섬'으로 남는다.

지난 제주도지사의 정책과 공약이행률 분석하기

제주의 지난 10년은 폭증한 여행 수요를 생활의 품질로 번역할 수 있나는 문제가 중심이었다. 그 시험대 위에 원희룡과 오영훈, 두 행정부의 방식이 차례로 올라섰다. 공약 이행은 분야마다 결이 달랐고, 같은 과제를 서로 다른 언어로 풀었다는 점이 특징이라 본다.

관광과 교통부터 짚는다. 원희룡 시절엔 버스 체계를 손본 일이 굵다. 간선·지선으로 재편하고 환승 체계를 촘촘히 만든 '제주형 준공영제'는 체감 개선이 컸다. 노선 단순화와 배차 증회, 요금·환승 체계 정비는 약속 대비 이행도가 높은 축에 든다. 다만 공항·도심 혼잡, 렌터카 과밀은 구조적으로 남아 '완료'보다는 '진행'으로 남았다. 오영훈 체제가 들어선 뒤엔 버스 품질 지표를 더 세분화하고 공항·항만 연계 환승의 보완에 힘을 실었다. 심야·성수기 수요 대응, 외곽 환승 주차장 확충은 속도가 붙었으나, 공항 접근 체감 혼잡 완화는 여전히 과제라 적는다.

환경과 자원에선 철학의 차이가 드러났다. 원희룡은 '탄소 없는 섬 2030'을 내걸고 전기차 보급, 재생에너지 실증, 자원 순환 체계 강화를 밀어붙였다. 전기차 보급과 충전 인프라 확충, 쓰레기 배출·수거 제도 개선은 공약 이행이 비교적 높은 편에 속한다. 반면 지하수·하수 처리 용량은 관광 성수기를 못 따라가 '부분'에 머물렀다. 오영훈은 '과잉 개발 억제와 생활환경 복원'에 방점을 찍었다. 곶자왈·오름 보전과 하수 처리 고도화, 해양쓰레기 상시 관리에서 정비가 이어졌고, 지하수 보전 구역 관리와 감시를 강화했다. 처리 시설 확충은 대형 공사 특성상 시간이 걸려 '진행'으로 남아 있으나, 배출원 관리와 해변 청소의 상시화는 체감이 빨랐다.

경제와 산업은 두 행정부 모두 '관광 의존을 줄이고, 먹는 산업의 값을 올리자'에 공감대가 있었다. 원희룡은 1차 산업의 가공, 브랜드, 물류를 지원해 농수축산의 판로를 넓히는 데 공을 들였다. 감귤 선과, 공동 브랜드, 수산물 저온 유통 같은 약속은 성과가 축적됐다. 다만 체류형 소비로 전환하는 MICE·콘텐츠·스포츠 산업은 제도 기반을 닦는 단계에서 멈춰 '부분'

이었다. 오영훈은 로컬푸드 공공 조달, 소규모 가공 지원, 관광과 연계한 체류형 프로그램을 확대했다. 행정·공공기관의 지역 조달 비중은 올라갔지만, 계절노동을 '숙련 일자리'로 바꾸는 사다리는 더 보완이 필요하다.

　주거와 민생은 기대와 체감의 간극이 큰 분야다. 원희룡은 공공임대·공공분양 확대와 원가 공개, 난개발 제어를 약속했으나, 외부 자금 유입과 단기 임대 확산 속에서 집값·임대료 안정의 체감은 낮았다. 공약 이행 자체는 '진행·부분' 범주가 많았다. 오영훈은 청년·근로자 대상 임대와 빈집 리모델링, 원도심 재생을 묶어 생활 지표를 개선하려 했다. 소규모 주거 공급과 골목 정비는 가시적이지만, 성수기 생활물가·숙박료 안정은 자율 협약에 대한 의존이 커서 '체감 불안정'이 남는다.

　가장 논쟁적이던 '제2공항'은 공약 이행에 대한 해석이 엇갈린다. 원희룡은 예비 타당성 조사와 환경성 평가 절차를 전제로 추진 의지를 분명히 했고, 그 자체로는 공약 충실성이 높다. 하지만 환경성과 수용성에 대한 갈등이 해소되지 못해 실제 성과는 멈췄다. 오영훈은 재검토와 절차 준수를 앞세워 속도를 낮췄다. 지지층에선 '약속 이행'으로 읽히지만, 혼잡 해소를 기대한 시민에겐 '지연'으로 기록된다. 결국 공항 포화와 환경보전의 균형을 증명할 대안인 공항 운영 효율화, 시간제 혼잡 분산, 내륙·해안 환승 강화의 수치가 관건이다.

　행정과 거버넌스는 신뢰의 문제다. 원희룡은 도정의 '결정력'을, 오영훈은 '공론·투명'을 내세웠다. 전자는 속도가 장점이지만 갈등 비용이 커지기 쉽고, 후자는 참여가 넓지만 실행 속도가 느리다는 비판을 받는다. 공약 이행률 표로만 보면 두 시기 모두 중간 이상을 기록할 항목이 많지만, 유권자가 채점하는 건 '생활의 변화'다. 배차 신뢰도, 환승 대기, 하수 역류 건수, 해변 쓰레기 회수율, 숙박·외식 가격 안정 지표, 응급 이송 시간 같은 숫자가 꾸준히 개선됐는지가 진짜 이행률이라 본다.

정리하면 제주의 지난 10년에서 대중교통 개편과 전기차 보급, 자원 순환과 해안 보전의 표준화는 '완료에 가까운 진행'으로 평가할 수 있다. 공항 혼잡과 제2공항 갈등, 지하수·하수 용량, 성수기 물가 안정, 체류형 산업 전환은 '진행·부분'으로 남았다.

다음 도지사에게 주어진 과제는 어렵지 않다. 속도를 생활의 품질로 번역하고, 갈등을 절차와 보상으로 낮추며, 분기마다 숫자로 설명하는 것. 약속을 달력과 지표로 운영하는 팀만이 '공약 이행률'을 '삶의 변화'로 증명한다. 제주의 표심은 풍경만 보지 않는다. 매일의 불편이 줄고, 내 삶의 계산이 쉬워질 때 조용히 손을 들어준다.

제주에 필요한 정책 알아보기

제주의 고민은 두 갈래다. 바다 건너 손님과 자본이 몰려오는 흐름을 생활의 안정으로 바꿔야 하고, 동시에 일본과 동남아로 기울어진 여행 수요의 저울을 되돌려야 한다.

부동산부터 짚는다. 최근 몇 년간 제주로 이사 오는 타 지역민의 매수 비중이 꾸준히 높아졌고, 외국인의 거래는 특정 지역과 상품에 집중되는 경향이 뚜렷하다. 해안 인근의 단기 임대 가능한 신축, 외국인 보유에 유리한 생활형 숙박시설 같은 유형으로 수요가 쏠리면 임대료와 땅값이 먼저 들썩이고, 생활 인프라 비용은 뒤늦게 시민에게 전가된다. 이 흐름을 단절하자는 뜻이 아니다. 돈의 속도를 사람의 속도에 맞추자는 주문이다.

정책의 축을 몇 가지로 정리한다. 우선 데이터의 눈을 밝히는 일이다. 외지인과 외국인의 매수 비중, 거래 유형, 보유 기간, 공실률을 읍·면·동 단위까지 월별로 공개하면 투기성 수요는 속도를 늦춘다. 다음으로 사용 목적을 명확히 하는 제도를 도입해 주거와 숙박을 구분해야 한다. 숙박 운영이 가능한 건축물은 허가 단계에서 주차와 하수, 쓰레기 처리 능력을 기준으로 엄격히 거르고, 주거 용도의 건물은 일정 기간 이상 실거주하는 의무를 부여해 단기 임대 전환을 제어한다. 외지인과 외국인 매수에 대해서는 취득 단계에서 추가 부담금을 부과하고, 해당 재원을 원주민 임대 활성화와 생활 인프라 확충에 귀속시키면 사회적 수용성이 높아진다. 장기 공실에는 보유세 가산과 공공임대 전환 인센티브를 동시에 걸어 공실을 줄이는 편이 실효적이다.

금융의 문턱도 현실화할 필요가 있다. 실거주 목적의 자금 조달은 보호하되, 단기 수익형 상품에 대해서는 담보 인정 비율을 낮추고 상환 계획 심사를 강화하면 레버리지성 매수를 억제할 수 있다.

거래 허가 구역은 일시적 처방에 그치지 말고 인프라 수용력과 생활 지표를 반영해 정기적으로 조정해야 시민의 신뢰가 붙는다. 무엇보다 공공기관이 직접 임대와 분양의 최소 물량을 안정적으로 공급하는 장치가 필요하다. 원도심 빈집을 무리한 개발로 밀어내기보다 리모델링하거나 장기 임대로 전환하여 청년과 근로자의 거주 기반을 지키는 편이 비용 대비 효과가 크다.

관광의 경쟁력은 단기 할인 전쟁으로 회복되지 않는다. 일본과 동남아가 강한 이유는 가격 때문만이 아니다. 철도와 도심 접근의 편의, 장기 체류 인프라, 섬세한 경험 설계가 뒷받침되기 때문이다. 제주는 장점을 다르게 꺼내야 한다. 공항 혼잡을 줄이는 즉시 효과부터 보여줘야 한다. 공항과 도심, 항만을 잇는 환승 거점에서 수하물 보관, 선제 체크인, 숙소 연계 셔틀을 한 번에 처리하게 만들면 도착 첫 시간이 가벼워진다. 해안 순환과 내륙 횡단을 위한 이동은 예약제 순환 버스로 정시성을 높이고, 인기 많은 오름과 해변에는 시간대별 예약과 분산 입장을 시행해 체류의 품질을 끌어올린다. 교통의 예측 가능성이 확보되면 제주 여행은 가격이 아니라 시간의 효율로 승부할 수 있다.

콘텐츠는 제주만의 문장으로 쌓는다. 올레길과 오름을 배경으로 한 치유형 트레일, 곶자왈과 바당을 엮은 생태 해설, 해녀 문화와 마을 신화에 기반한 야간 프로그램을 상시화하면 체류가 하루 늘어난다. 계절이 뚜렷한 섬의 강점을 살려 봄과 가을에 집중된 예술 축제를 분산하고, 겨울에는 파도와 바람을 즐기는 레저와 실내 스포츠, 실감형 미디어 전시를 묶어 비수기의 매력을 세운다. 회의와 전시 수요는 숙소·교통·체험이 붙은 통합 상품으로 끌어오되, 지역 업체의 참여 의무와 고용 연계를 계약서에 못 박아야 주민의 체감 소득이 오른다.

장기 체류 시장도 열어야 한다. 원격 근무자와 장기 체류자를 위한 한 달 살기형 주거와 공동 오피스, 어린이 돌봄과 학교 연계를 패키지로 제공하면 가격 경쟁력이 약한 틈을 메울 수 있다. 비자와 체류 제도는 중앙정부와 조율하되, 지방정부가 숙박세와 관광세를 도입해 수익을 하수와 쓰레기 처리, 환경보전에 재투자하면 지속 가능성의 신뢰가 생긴다. 해외 저비용 노선과의 단순 가격 경쟁을 피하고, 프리미엄 체류형과 가족형 상품의 비중을 키우는 전환이 필요하다.

해법은 간단한 원칙에서 시작한다. 돈의 속도가 삶의 속도를 앞질러선 안 된다. 부동산 거래의 투명성과 책임을 강화하고, 관광의 편의와 품질을 동시에 올리며, 환경과 생활 인프라에 먼저 투자하면 시장의 신뢰가 회복된다. 외지인의 자본과 외국인의 호기심이 제주의 일상과 상생하도록 설계하면 일본과 동남아의 유혹에 흔들릴 이유가 줄어든다. 가격이 아닌 경험, 속도가 아닌 품질, 단기 유입이 아닌 장기 체류. 이 세 줄짜리 방향만 지키면 제주는 다시 선택받는다.

제주도지사에 어떤 사람이 출마할까

제주도지사 선거판은 풍경이 아니라 운영의 문장으로 갈린다. 공항 혼잡과 교통, 지하수와 하수, 성수기 물가와 주거, 관광 의존과 산업 다변화 같은 과제가 한꺼번에 몰려 있기 때문이다. 네 사람의 장단을 생활의 잣대로 훑어본다.

오영훈 제주도지사는 현직 프리미엄을 지닌다. 버스 품질 지표 정교화, 공항 연계 환승 보완, 하수 고도화와 상시 해변 청소 체계 같은 성과를 분기 단위로 내놓을 수 있다. 원도심 재생과 로컬푸드 공공 조달, 소규모 가공 지원처럼 생활에 닿는 정책도 누적해왔다고 본다. 강점은 갈등을 낮추는 톤과 '생활의 언어'다. 곶자왈과 오름 보전, 지하수 관리 강화처럼 보존의 가치를 행정으로 번역하려는 태도도 호평을 받는다. 약점은 속도다. 공항 혼잡 완화에 대한 체감, 성수기 물가 안정, 체류형 관광 확장 같은 굵직한 항목에서 '진행'이 길어지면 피로가 쌓인다. 제2공항 문제를 절차 중심으로 끌고 오면서 생긴 기대와 실망의 간극도 부담이다. 유권자는 숫자를 원한다. 환승 대기와 배차 신뢰도, 하수 역류 민원, 숙박·외식 가격 안정 지표를 일정과 함께 더 자주 꺼내야 유리해진다.

고기철 국민의힘 제주도당위원장은 '대조 효과'를 노릴 카드다. 중앙과의 직결 라인, 재정 투입 속도, 규제 정비의 손놀림을 앞세우면 바꿔보자는 기류를 모을 수 있다. 관광 회복과 민간 투자 유치, 공항 혼잡 해소를 위한 물리적 대안 같은 영역에서 '결정력' 이미지를 만들면 보수의 기본 체력이 살아난다. 약점은 환경과 수용력의 긴장을 어떻게 다루느냐다. 개발의 언어가 앞서면 곧바로 곶자왈과 지하수, 해안 경관의 반발이 치솟는다. 관광을 체류형으로 바꾸고 주민 소득으로 번역하는 계약서형 공약, 예를 들어 행사 유치에 지역 고용·조달 의무를 붙이고, 숙박세와 관광세를 하수·쓰레기 처리에 재투자하겠다는 설계를 먼저 보여야 한다. 생활의 디테일을 놓치면 '속도는 빠른데 삶은 거칠다'라는 반작용이 올 수 있다.

문대림 더불어민주당 의원은 '정책 선수'로서의 장점이 크다. 도정과 중앙을 모두 경험해 예산, 법령, 인허가의 길을 잘 안다. 농수축산 가공과 공공 조달, 새만금식 체류형 모델의 제주 버전, MICE와 콘텐츠 산업의 결합 같은 큰 그림을 설계하기 좋다. 강점은 설계력이고, 약점은 체감 속도다. 과거 선거에서의 피로감과 '말은 큰데 당장 달라지는 게 없다'라는 인식이 남아 있다면 첫 100일 성과 번들을 촘촘히 내놓아야 한다. 공항 동선 분산, 환승 거점 통합, 관광 인력의 숙련 전환 규모처럼 측정 가능한 지표를 계약서처럼 제시하면 신뢰가 회복된다. 공천을 둘러싼 내부 잡음 가능성도 리스크라서, 팀 인선과 갈등 관리 시스템을 조기에 공개하는 편이 안전하다.

위성곤 더불어민주당 의원은 '현장형 친화력'이 강점이다. 농가·어가와의 접촉면이 넓고, 생활 SOC와 돌봄, 원도심-관광지의 균형 같은 생활형 의제를 설득력 있게 말한다. 지역 기업과 대학, 연구소를 엮는 실무형 연계에도 강하다. 약점은 광역 스케일의 초대형 교통·환경 과제를 얼마나 빠르게 조율할 수 있느냐다. 공항 혼잡과 하수 용량, 지하수 보전 같은 굵직한 갈등에서 '조정자' 이상의 리더십을 보여야 한다. 이를 보완하려면 부지사급 실무진과 재난·교통·환경의 핵심 라인업을 먼저 제시하고, 동선, 표준, 보상으로 갈등을 낮추는 운영 설계를 공개하는 전략이 필요하다.

표의 승부처는 반복된다. 공항과 도심을 잇는 첫 1시간의 품질, 환승과 셔틀의 정시성, 해변과 원도심의 매출 격차, 성수기의 물가 안정, 지하수·하수 처리 여력, 곶자왈·오름 보전 기준, 그리고 청년의 첫 월급이 제주에서 나오느냐. 네 사람 모두 비전을 말하지만, 유권자는 달력을 본다. 언제부터 무엇이 달라지는지, 책임자가 누구인지, 분기마다 어디까지 갔는지. 숫자와 일정이 빠를수록 지지층 결속은 탄탄해지고, 중도층의 경계는 낮아진다.

정당 바람도 변수가 된다. 중앙 정치의 파고가 높아질수록 현직과 조직은 결집하고, 생활 피로가 쌓일수록 대안 서사가 힘을 얻는다. 다만 제주는 상징보다 실무로 움직이는 섬이다. 환경의 품질이 곧 상품의 품질이 되고,

이동의 예측 가능성이 곧 여행의 만족이 된다. 그래서 개발과 보전의 균형을 누가 더 정교하게 그리느냐가 핵심이다. 풍력·태양광·ESS의 입지와 보상, 숙박세·관광세 재투자, 장기 체류와 원격 근무의 인프라, 공공임대·빈집 리모델링 공급 등 항목을 엮을 수 있는 운영 능력이 표를 움직인다.

정리하면 오영훈은 '갈등 완화와 생활 성과'로, 고기철은 '속도와 투자'로, 문대림은 '설계와 조율'로, 위성곤은 '현장 연결과 촘촘함'으로 승부를 건다. 어떤 간판이든 결과는 한 문장으로 귀결된다. 시간을 줄이고, 위험을 낮추고, 기회를 넓히는가. 약속을 달력과 지표로 운영하는가. 이 문장에 먼저 답하는 사람이 제주도청 문을 연다.

아픈 역사에 대한 서로 다른 대응

제주를 이야기할 때 바람과 돌, 그리고 4·3이 따라온다. 바람과 돌은 풍경이지만 4·3은 상처다. 이름을 부르는 순간부터 시선이 갈린다. 누구는 사건이라 하고 누구는 항쟁이라 한다. 용어가 다르면 원인과 책임, 해법이 모두 달라진다.

그러나 단어의 다툼 속에도 분명한 사실이 있다. 죽음이 있었고, 실종이 있었고, 두려움이 오랫동안 말을 묶어두었다는 사실이다. 역사를 뒤로 미루면 현재가 삐걱거린다. 그래서 지방 정치가 해야 할 일은 '기억의 정쟁화'를 줄이고 '기억의 제도화'를 정착시키는 일이라 본다.

먼저 기록부터 단단히 한다. 발굴과 수습, 행적 확인, 당시 행정문서와 군경 자료, 구술 증언을 하나의 표준으로 묶어 디지털 아카이브로 남긴다. 연구자와 시민이 같은 자료를 보게 하면 해석의 출발점이 공정해진다. 유족을 향한 2차 상처를 막기 위해 개인정보 보호와 접근 권한의 층위를 세심하게 설계하면 신뢰가 붙는다. 기록은 감정의 논쟁을 사실의 토대로 옮겨놓는 장치다.

무엇보다 피해 회복을 생활로 연결해야 한다. 명예 회복과 위령 사업은 상징이고, 치유는 일상의 설계에서 온다. 유족 지원은 일시적 보상에 머물지 말고 교육, 의료, 주거와 연동해 삶의 곡선을 바로 세워야 한다. 고령 유족의 건강관리와 법률 상담, 후손의 장학·취업 연계 같은 촘촘한 프로그램이 필요하다. 상처를 말하는 자리가 안전하다는 믿음이 생기면 공동체의 긴장도 낮아진다.

교육은 과거를 '과잉 감정'이 아니라 '과잉 사실'로 가르치는 길을 택한다. 초·중·고교 교육과정에 지역사 모듈을 넣되, 정치적 수사를 줄이고 자료 읽기와 토론, 현장학습을 늘린다. 교사가 편향 논란을 피할 수 있도록 표준 교안과 검증된 사료 꾸러미를 제공하고, 지역 해설사와 연구자의 협업을 제도화하면 수업의 온도가 안정된다. 배움의 목적이 누군가를 단죄하는 데 있지 않고 민주주의의 최소 조건을 재확인하는 데 있다는 점을 분명히 한다.

공간의 언어도 중요하다. 추모 공간은 슬픔에만 머물지 않고 '다시 반복하지 않기 위한 기술'을 보여주는 곳이 되어야 한다. 당시의 통신·행정·치안 체계를 비판적으로 복원하고, 인권, 절차, 책임의 현대적 기준을 체험형 전시로 연결한다. 주민이 주인으로 참여하는 작은 위령 공간을 마을마다 분산 배치하면 특정 일자, 특정 장소에만 기억이 몰리지 않는다. 해마다 치르는 추념은 조용하지만 분명한 의례로, 정치의 확성기가 아닌 공동체의 호흡으로 남겨야 한다.

관광과 공존하는 방식도 재설계한다. 4·3 유적지를 '감성 소비'의 무대로 만들면 기억이 희화화된다. 해설, 동선, 기념품의 기준을 정하고, 수익의 일부를 유족 지원과 기록 사업에 자동 배분하는 구조를 갖추면 상업화 논란을 줄일 수 있다. 여행객에게는 '침묵해야 할 곳'과 '배워야 할 곳'을 구분해 안내하고, 소음·촬영 제한의 가이드라인을 명확히 보여주면 존중이 습관이 된다.

갈등을 다루는 언어도 바꾼다. 상위 정치의 구호를 반복하면 금세 편 가르기로 떨어진다. 지방정부는 '책임의 위계'를 또렷이 하되, 오늘 할 수 있는 일을 앞에 둔다. 억울함을 인정하는 사과, 사실 확인을 기다리는 절제, 제도 개선을 약속하는 일정, 이 세 줄의 문장을 정기적으로 업데이트한다. 공청회는 승부의 장이 아니라 설명의 장으로 꾸리고, 유족과 주민, 군경 유가족까지 원탁에 초대해 '상처의 서열'을 만들지 않도록 세심하게 조율한다.

사법 및 행정의 절차는 성실해야 한다. 재심과 직권 취소, 무효 확인 같은 법적 경로는 기술적으로 어렵지만, 한 건씩 꾸준히 진도가 나가면 신뢰는 쌓인다. 지방자치단체는 법원의 속도를 기다리며 멈춰 있지 말고, 사실 확인서 발급, 명부 정비, 표기 정정 같은 행정조치를 병행한다. '오늘 가능한 것'을 빨리 끝내는 편이 상처의 체감 온도를 낮춘다.

마지막으로, 말투를 가볍게 쓰지 않는다. 4·3은 정치의 도구가 아니라 민주주의의 시험지다. 누가 옳았느냐는 심판보다, 무엇이 잘못되었는지를 제도 언어로 다시 적는 일이 먼저다. 그 제도 언어는 인권 보장, 절차의 투명, 공권력 통제, 소수자 보호 같은 기본으로 요약된다. 이 원칙을 현행 행정 전반에 적용해보고, 재난 대응, 집회 관리, 정보 공개, 경찰권 행사 같은 분야에 구체 지표로 심어두면 '기억의 교훈'이 오늘의 안전장치가 된다.

제주의 아픈 역사를 어떻게 대할 것인가. 답은 성실과 시간표, 그리고 존중이라 본다. 기록을 가리고 해석만 키우지 말고, 사실을 드러내고 해석을 늦추자. 상징의 의례에 머물지 말고 생활의 복원으로 나가자. 큰 목소리로 다투기보다 낮은 목소리로 설명하자. 그렇게 한 걸음씩 전진하면, 사라지는 세대의 기억과 새로 오는 세대의 감각이 한자리에 만난다. 그 자리에서만 '다시는'이 빈말이 아니라 약속이 된다.

투표용지를 앞에 두면 늘 망설이게 된다. 상대평가 시험처럼 보이고, 답안지는 늘 불완전하다. 선거가 어려운 이유는 간단하다. 후보를 깊이 알기 어렵고, 정보는 짧고 얕고, 시간은 늘 부족하다. 그럼에도 표는 내 삶을 통과해 간다. 쓰레기 수거 시간, 버스 배차, 월세와 보육, 골목의 안전과 조도, 갑자기 내린 비에 잠기는 도로까지 모두 표의 결과다. 그래서 질문을 바꿔 본다. 누구를 좋아하느냐가 아니라, 누구에게 맡기면 덜 불안한가.

최악을 피하려면 우선 실행의 언어를 본다. 말이 화려해도 일정과 숫자가 없으면 공기 같은 약속이다. 언제부터 무엇을 어디에 얼마나 하겠다는 달력이 있는가, 목표치와 예산 근거가 있는가, 실패했을 때 수정 경로를 제시했는가. 이런 문장이 보이면 최소한 일의 언어를 아는 사람이다. 반대로 구호와 감정의 파도만 밀고 오는 후보는 선거가 끝나면 조용해진다. 조용함은 책임 회피로 번지기 쉽다.

다음으로 기록을 본다. 직전의 자리에서 무엇을 고쳤고 무엇을 놓쳤는지, 공약 이행률과 회의 출석, 민원 처리에 응답한 시간이 공개돼 있는지. 사람의 진가는 위기에서 드러난다. 태풍과 폭우, 전염병처럼 예고 없는 상황에서 어떤 결정을 내렸고, 결과가 어땠는가. 변명보다 배움이 남아 있는가. 지나간 실수에 대해 어떤 학습을 했는지 말할 수 있는 후보는 다시 실수하더라도 더 빨리 고친다.

이해 충돌의 감수성도 중요하다. 가족과 가까운 사람의 일감이 공공 영역과 겹치지 않는지, 부동산과 개발, 협동조합과 보조금, 각종 위원회와 용역에서 얽힘이 없는지. 이해관계 신고와 회피를 자연스럽게 해온 사람은 불필요한 의심을 만들지 않는다. 반대로 공직을 '영업 기회'쯤으로 가볍게 여긴 기록이 있는 인물은 언젠가 꼭 사고를 낸다.

조정하고 협력하는 능력은 지방 정치에서 특히 커다란 덕목이다. 같은 당과 다른 당, 행정부와 의회, 시민단체와 직능단체, 개발과 보전의 갈등 사이에서 합의문을 만들어낸 경험이 있는지. 상대를 이겼다는 무용담보다 함께 끝까지 일을 넘겼다는 사례가 더 믿을 만하다. 목소리 큰 사람 편을 드는 정치가 아니라, 일의 품질을 지키는 정치가 결국 지역을 움직인다.

생활의 감각은 작은 문장에 숨어 있다. 통학로와 스쿨존을 걸어본 사람인지, 버스 환승 지점을 실제로 바꿔본 사람인지, 시장 상인과 야간 노동자의 시간을 이해하는지. 주민 간담회를 열었다는 사진보다 회의록과 후속 조치가 있는 사람이 낫다. 현수막의 개수보다 민원 처리 속도가 빠른 사람이 유능하다. 지역에서 오래 살았느냐의 문제를 넘어서, 지역을 오래 들여다본 사람인가를 묻는 편이 정확하다.

경청과 태도의 온도도 빼놓기 어렵다. 질문에 바로 답하되 모르는 것은 모른다고 말할 수 있는가, 비판 앞에서 목소리가 높아지지 않는가, 공격이 아니라 설명으로 설득하려 드는가. 지방행정은 말싸움으로 해결되지 않는다. 긴 회의, 촘촘한 서류, 느린 설득의 합으로 꾸역꾸역 앞으로 나아간다. 그 길에 맞는 사람인지 보아야 한다.

이제 현실적인 점검법을 몇 가지 건넨다. 후보에게 세 가지를 묻자. 내년 봄까지 바꾸겠다는 한 가지, 임기 내내 끝까지 끌고 갈 한 가지, 실패할 수도 있어도 시도하겠다는 한 가지. 각각에 필요한 예산 출처와 협력 상대, 주민에게 공개할 분기 지표를 함께 내놓게 하자. 공약집에 표와 달력이 있는지, 홈페이지와 사회관계망 계정에 진행 상황 대시보드를 올릴 계획인지 확인하자. 의정 기록과 행정 성과를 요약한 문서가 있는지, 이해 충돌 신고와 외부 강의·자문 내역을 정기 공개하겠다는 약속이 있는지도 체크하자. 거창한 포부보다 이런 자잘한 도구가 약속을 현실로 옮긴다.

피해야 할 징후도 분명하다. 상대 공격으로 시간을 보내는 후보, 선심성 현금에 대한 공약을 남발하는 후보, 실체 없는 출판기념회와 행사 사진으로만 존재감을 채우는 후보, 법과 제도보다 사람과 인맥을 더 자주 말하는 후보. 어느 진영이든 이런 유형은 일보다 소음이 많다. 최악을 피하려면 이런 신호를 기억해두는 편이 안전하다.

완벽한 후보는 없다. 그래서 민주주의는 최선을 강요하지 않고, 최악을 피하는 지혜를 가르친다. 차선과 차악 사이에서 사람을 고르는 일은 때로 지루하고 고단하다. 그러나 이 지루함을 견디는 시간만큼 다음 선거가 조금 덜 피곤해진다. 표는 즉흥의 감정이 아니라, 다음 네 해를 위한 생활 계약서다. 계약서는 작은 글씨가 중요하다. 작은 글씨를 끝까지 읽어보는 유권자에게 정치인은 쉽게 허튼소리를 못 한다.

선거는 하루로 끝나지만, 시민의 역할은 개표 이후 시작된다. 분기별 성과 공개를 요구하고, 공약 이행 점검 모임을 동네에서 꾸리고, 의회 회의록을 한 번이라도 들춰보자. 질문이 많은 동네에서 정치는 더 느리지만 더 정확하게 움직인다. 느린 속도가 답답할 수 있지만, 빨랐다가 되돌리는 비용보다 훨씬 싸다. 우리의 관심은 권력을 흔드는 것이 아니라, 권력이 우리 삶에 닿는 방식을 바꾸는 힘이다.

결국 누구를 뽑을까. 실행의 달력을 가진 사람, 실패의 기록을 숨기지 않는 사람, 이해 충돌에 예민한 사람, 갈등을 조정해본 사람, 생활의 냄새가 밴 사람, 모르는 것을 모른다고 말할 수 있는 사람. 이런 기준을 들고 투표소에 들어가면, 최선이 아니어도 최악을 비껴갈 확률이 높아진다.

우리는 늘 완벽하지 않은 세상에서 살아왔고, 민주주의는 그 불완전함을 운영하는 기술이다. 그 기술의 첫 단추는 투표다. 표를 놓치지 않는 시민이 있는 한, 지역의 내일은 조금씩 나아진다.

책을 마무리하는 이 순간, 나는 다시 투표용지를 떠올린다. 얇은 종이 한 장이지만 거기에는 내가 사는 동네의 내일, 우리 아이가 건널 횡단보도의 안전, 부모님이 찾아갈 병원의 대기 시간, 버스를 타고 내리는 하루의 편안함까지 촘촘히 얽혀 있다고 믿는다.

지방선거는 이렇게 생활의 언어로 쓰인 정치라서, 멀리 있는 구호보다 가까이 있는 계산이 더 중요하다고 여러 차례 적어왔다. 누구를 찍느냐 못지않게 왜 찍느냐가 중요하고, 그 이유는 결국 내 삶을 조금이라도 낫게 만들 도구를 고르는 일이라 본다. 독자가 이 책을 덮고 나면 그 도구를 직접 손에 쥐겠다고 마음먹으면 좋겠다. 말로만 참여가 아니라 발로 가는 참여가 지방자치의 힘을 키운다. 투표는 길지 않은 시간이지만 결과는 오래 남는다고 믿는다.

출마자에게도 말을 남긴다. 선거는 이겨도 정치가 지면 아무 소용이 없다. 지방정부는 살아 있는 기계실과 같다. 전등 스위치처럼 눈앞에서 켜지고 꺼지는 결과가 있어야 시민이 신뢰한다. 그래서 자신이 어떤 봉사자가 될지부터 묻고 또 물어야 한다. 속도를 자랑하기 전에 절차를 어떻게 지킬지, 새로 짓기 전에 유지할 것을 어떻게 돌볼지, 추진력보다 설명력으로 갈등을 어떻게 낮출지, 삶을 바꾸는 디테일을 어디까지 준비했는지 먼저 확인해야 한다. 공천의 줄보다 인사의 품격, 홍보의 문장보다 근거의 표, 지시의 말투보다 현장의 습관을 더 많이 고민해주기 바란다. 시민은 큰 소리보다 성실을 기억한다. 당장의 박수보다 긴 신뢰를 선택해달라고 말하고 싶다.

취재 현장에서 들은 하소연이 글 곳곳을 떠다닌다. 왜 우리 동네는 밤이 더 어둡냐는 민원, 아이를 맡길 곳이 없어 일을 그만뒀다는 부모의 한숨, 비 예보만 나오면 가슴이 철렁 내려앉는 상점 주인의 걱정, 택시가 잡히지 않아 병원 예약을 놓쳤다는 노인의 목소리까지, 이 모든 사소한 문장이 지방선거의 시험지라 믿는다. 출마자는 현수막을 늘리기보다 이런 문장에 답하는 방식을 먼저 찾아야 한다. 내일의 바뀐 배차표, 다음 달 개장하는 돌봄 교실, 다음 분기에 시작하는 원도심 보행 정비처럼 작고 또렷한 변화가 표를 움직인다. 시민은 현장에서 체감한 변화를 오래 기억한다.

나 역시 이 책을 쓰며 다시 배웠다. 지방선거는 안다고 쓰는 책이 아니라, 쓰면서 다시 묻고 고쳐 쓰는 책이라 느꼈다. 자료를 더듬다 보면 내가 놓친 수치가 나오고, 현장을 걷다 보면 내가 몰랐던 생활의 속도가 보인다. 취재로 단단해졌다고 믿었던 확신이 시민의 한마디 앞에서 금세 낮아지는 순간도 많았다. 그때마다 배움에는 끝이 없다는 말을 다시 들었다. 정치의 언어를 생활의 언어로 번역하는 일은 늘 어렵고도 느리다. 그래도 지치지 않으려 한다. 글을 다듬고, 근거를 확인하고, 다시 현장을 찾으면 조금씩 더 정확해진다. 그 과정이 바로 기자로서 내가 지켜야 할 약속이라 믿는다.

마지막으로 독자에게 작은 약속을 더한다. 지방선거가 다가올 때마다 이 책의 밑줄을 떠올리고, 후보의 말과 자료의 간극을 점검하는 습관을 잃지 않겠다고 말해주면 좋겠다. 자신의 표가 자신의 시간 낭비를 줄이고 위험을 낮추고 기회를 넓히는 데 쓰였는지, 선거가 끝나고도 확인하는 시민이 많아질수록 우리 동네 행정은 투명해지고 성실해진다. 정치가 삶을 바꾸지 못한다고 말하기 전에, 삶을 바꾸는 정치로 데려가는 문을 스스로 열어보자. 그 열쇠가 바로 투표라 믿는다.

책을 마무리하며 고마움도 적는다. 마감의 밤을 견디게 해준 따뜻한 밥 한 그릇, 불 꺼진 방에서 조용히 건네준 격려 한마디가 큰 힘이 됐다. 내 곁을 지켜주는 두 여성에게 마음을 전한다. 버티라고 다독여준 덕분에 이 글이 여기까지 왔다고 적는다. 당신들이 켜준 작은 불빛이 긴 취재와 집필의 길을 밝혀줬다고 고백한다. 그 응원에 부끄럽지 않게, 다음 선거 때도 묻고 확인하고 또 기록하겠다.

이 책이 독자의 한 걸음을 투표로, 출마자의 한 걸음을 봉사의 길로 이끌어주길 바라며 글을 닫는다. 우리 동네의 내일이 오늘보다 덜 피곤하고 더 단단해지는 그날까지, 나는 다시 노트를 펼친다.